U0904841

文物的故事

吴克敬 著

紫禁城出版社
The Forbidden City Publishing House

图书在版编目（CIP）数据

碑刻的故事 / 吴克敬著. —北京：紫禁城出版社，2009.4
（文物的故事）
ISBN 978-7-80047-682-2

I. 碑… II. 吴… III. 石碑—中国—古代—通俗读物
IV. K877.42-49

中国版本图书馆CIP数据核字（2008）第197641号

碑刻的故事

作　　者：吴克敬
责任编辑：方　妍
装帧设计：张志伟
出版发行：紫禁城出版社
地址：北京市东城区景山前街4号　邮编：100009
电话：010-85117378　010-85117596　传真：010-65129479
邮箱：ggzjc@vip.sohu.com
印　　刷：北京方嘉彩色印刷有限责任公司
开　　本：889×1194mm　1/32
印　　张：9
字　　数：141千字
图　　版：31幅
版　　次：2009年4月第1版
2009年4月第1次印刷
印　　数：1～5 000册
书　　号：ISBN 978-7-80047-682-2
定　　价：29.00元

目录

序 001

令箴碑：不是镜子胜镜子 007

遗臭碑：民心本是一杆秤 011

处方碑：善人的一种解释 012

良心碑：为国哪顾身死 016

官箴碑：说到容易做到难 019

猿像碑：发烫的屁股暖不热冷板凳 026

嘉禾碑：骗出来的欢喜也敢信 034

踹匠碑：脚手不能承受的痛伤 040

戒假碑：假作真时真亦假 045

戒欺碑：欺人无非欺自己 046

学规碑：状元门中消息 049

水则碑：天人较量的刻度 053

去思碑：是非功过任评说 055

先生碑：铁骨不负心头血 063

格言碑：泉冷峰飞落花天 073

梅花碑：壮怀激烈唯书生 079

窑神碑：泥土蜕变的美丽 087
安养院碑：历史深处的人性光芒 096
教泽碑：深山不阻清风 098
旋风碑：道德文章满乾坤 104
照人碑：不长尾巴人难认 110
藏羚羊碑：可可西里不死的精魂 116
鳄鱼碑：逆境更显高志 123
寒晖碑：山河不屈的吼声 134
家训碑：身教胜于言教 143
将军碑：英雄冤魂照千秋 150
仪制令碑：总是秩序乱不得 159
白菜碑：咀嚼民生的味道 163
竹风碑：桃花红颜寄小笺 167
太史碑：凝视万千世界的眼睛 189
禁约碑：没有约束不成规矩 201
自由碑：眼前黑难掩心中亮 208
党籍碑：耻辱的恰是自己 219

蚕桑碑：情丝绵绵未有期 240
棉花碑：百姓冷暖挂心头 248
守正碑：关键在于心正 257
公道碑：做人的基本模样 263
改作碑：司法面孔的暖色 265
泥爱碑：奈何身后掩飞泪 267

编后记 277

……

俗人克敬对石头有了一种特别的感情，

也便特别在意石头的存在，忍不住会伸了手去抚摸，

甚至把石头抱在怀里，感受石头的温暖和沉重，

石头的亲切和严厉，石头的深邃和尖锐……

俗人克敬是满身心地热爱着石头了，

特别是附着了人性的、浸透着文化汁液的石头。

序

克敬是爱上石头了，像爱着自己的骨肉血亲一样，爱得无怨无悔，一往情深。

俗人克敬在游历中，曾一次次面对沉默的石头，禁不住总会想起老家（关中西府）一句俗语：石虽无言，文化有声。是的，冰冷的、僵硬的石头怎么会发出声音呢？而一旦附着了文化的精灵，它们就有了浅唱、呻吟、呐喊、甚至呼号。

懵懂初醒时，克敬还听不懂石头的说话，所接触到的，都只是一些生活化的石头，如河边的洗衣石，大门口的门墩石，院里的捶布石，父亲抽旱烟的火镰石，母亲碾米磨面的石磨和石碾……特别是那样的大石碾，很威风地盘踞在村中央的空场上，平常日子，是孩娃儿上高攀险的游戏台，来了老婆婆、大嫂嫂要碾米了，就套上一头小毛驴，遮上眼罩儿，在碾道里走着圈儿，走得人心里发慌，却总是走不到尽头……怎么会有尽头呢？民以食为天，只要我们人张嘴要吃饭，石碾子就停不下来，小毛驴就得一直在碾道里走……石头在人的生活里，产生了怎样重大的作用！就如先民把石头打磨成石条、石锤、石锥，延长了人的手臂，深化了人的内涵，把人与动物区分开来一样，其重要性还有什么可替代呢！

渐长渐大的克敬，踩着那样的石头，像是奠基了自己的人生，高昂着头，走出了小村子，走进了世事繁华的大城市，但克敬时常地还会想起石碾子，想起曾经经历过的石头，这就回了一趟老家。那些石头却还在，洗衣石还在小河边，门墩石还在大门口，捶布石还在院子里，但都不为人所用了，特别是村街上的那盘石碾子，威风凛凛的石碾子啊，现在侧翻在地，半截碾盘已淤进了烂泥中，圆圆的石滚子就在碾盘的旁边，同样淤进烂泥半截子。

站在淤在烂泥里的石碾子旁，俗人克敬的心恍惚起来，竟然有了一种隔世的感觉，很想向石碾子问起什么，一时却不知问什么好。即便问了，石碾子又能告诉克敬什么呢？

自此，俗人克敬对石头有了一种特别的感情，也便特别在意石头的存在，忍不住会伸了手去抚摸，甚至把石头抱在怀里，感受石头的温暖和沉重，石头的亲切和严厉，石头的深邃和尖锐……俗人克敬是满身心地热爱着石头了，特别是附着了人性的、浸透着文化汁液的石头。

青海的塔尔寺门前有一块石头，其身不高，约摸五尺，其态也瘦，仿佛一块路边的野石。

其实它原就是一块野石，但是一个偶然的机会，它和一代藏传佛教大师宗喀巴发生了联系，它所蕴涵的意义就不同了。宗喀巴是从这块路边石头出发进藏学佛去了，此后他的老母亲，每日下山背水时，都要在这块石头边休息一会儿，西望拉萨，思儿想儿，念儿盼儿，泪水滴于石，汗水抹于石，背靠小憩时，体温亦传于石。善良的老母亲终于盼回了她的儿子宗喀巴，创立了新的教派，塔尔寺就成了佛教圣地，那块路边的望儿石就被虔诚地搬到了寺门口。

信徒们现在来塔尔寺朝拜，都要以他们的生活习惯朝拜这块石头。俗人克敬在20世纪的80年代初，有幸去了塔尔寺，见到太多的信徒在那块石头旁徘徊，有的在上面抹一把酥油，有的拍几缕红线，有的嵌一根银针，时间长了，这块石头也非原来素面净身的野石，被信徒们一日复一日，一年复一年，塑造成了一个新的面貌。而这个面貌在无法预知的未来，还会日新月异地被再塑造着……克敬不错眼睛地注视着这块石头，发现自己的身形也照进半透明的厚厚的酥油里了，游走的红线和闪亮的银针，分明牵在一位母亲的手上，扎得人的心儿发热发抖。大爱无边的母亲啊，也许我们的信仰不同，语言不同，但面对这样一块石头，儿女们就只有惭愧了，就只有掏出心来，献给我们慈爱的母亲。

克敬知晓自己，是把自己的最爱，都寄托给了文化之石。像敦煌的石头，人为地凿成了山洞，塑了像、绘了彩，还有麦积山、云岗、龙门、大足等地方的石头，亦人为地凿了山洞，塑了像、绘了彩。这是佛教的力量，甚至可以把一座山雕凿成一尊佛，著名的乐山大佛就是这样，九十年的漫长日子，数代人的不懈努力，山成了佛，佛成了山，这需要何等惊人的毅力，以及必需的社会氛围。

克敬在乐山大佛的脚下惊叹了。

克敬还在泰山的一道沟和庐山的一面石崖前惊叹了。一部《金刚经》文字，全部刻在流水的石面上，每个字足有碾盘大。一段《孟子》的话语，就刻在一面壁立的石崖上。克敬颤抖着心，一字一句地读着泰山那道沟里的石刻《金刚经》，一字一句地读着庐山那面石崖上的石刻《孟子》选句，感觉有人手握铁锤和钢钎，在克敬脆弱的耳膜上敲打着，印象是刻骨铭心的！是地老天荒的！

然而，最常撞进克敬眼睛里的，是被称作碑子的石头。这种人为地刻了文字的石头与俗人克敬好像天生有缘，每一次的走近，走近完全不同的一块碑石，克敬的感觉器官就会特别来精神，眼能看见碑石的血流和筋骨，手能体会碑石的脉跳和冷暖，耳能听见碑石的低语和倾诉，这叫俗人克敬怎能不欢欣鼓舞，怎能不泪流满面?

虽然俗人克敬自知笔力不逮，思考不深，也要奋力而为了。然而，克敬面对帝王将相的碑石时，心里还是很怯的，故有点自知之明地躲了过去，只盯着那些民间化的碑石，一头扎了进去，与它们交朋友，推杯换盏，耳鬓厮磨，掏心掏肺，听它们讲那过去的故事。而俗人克敬作为一个新闻工作者，恰好有着倾听采访对象的那一份耐心和机敏，便能很顺利地听懂碑石的说话，然后把它们的说话记录下来。但克敬的心是不安的，唯恐自己误读了碑石，把它们深邃的思想和感情，因为自己的浅薄而破坏了。

还好，读到克敬文章的人，有一些是大学老师，有一些是政府官员，还有一些只是普通群众，与克敬认识的，不是写来信，就是打来电话，都表示了认同和祝贺。特别是《随笔》杂志的主编杜渐坤先生，以及穆涛、海帆、子心、阎安、张艳茜诸师友，是他们伸出森林一般的手臂，不断地帮助俗人克敬走近碑石，感受碑石，倾听碑石，这才有了这点收获。

克敬不会罢手，可能的话，还会与碑石热情握手，而且会把握手的面放得更宽一些，踢碎原来预设的篱笆，向一切可能亲密接触、热情握手的碑石走近些，再走近些。

2008年5月5日西安后村

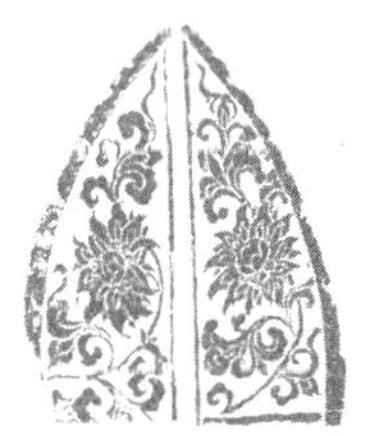

……

克敬深知这样的探寻是艰苦的，

也体会了这种探寻的艰苦。

民间的杂碑，有的还隐藏在荒山的草丛中，

有的还埋没在乡野的瓦砾中，一有消息，克敬都会寻了去，

往往一块碑刻，要花去很长时间，甚至数次访求，

克敬的心是顽固的，初衷无改，什么艰辛，什么劳苦，

克敬乐在其中。

令箴碑：不是镜子胜镜子

俗人克敬一日去周至县委大院，见一残碑赫然竖立当庭，凑近了去看，但见一十六个大字，煞是醒目：

尔俸尔禄，民膏民脂；
下民易虐，上天难欺。

初识此碑，俗人克敬以为是旧时官衙的遗物，很为那响当当的四句话所感慨。近读有关史料，始知此为宋太宗摘取孟昶的《令箴》精华，书赐地方官府，“立石于厅事之南，谓之《戒石铭》”。

孟昶其人，如今知之者恐怕不多。他是五代时期后蜀（934～965年）的第二代皇帝，在位30年，几乎与后蜀的历史相始终。五代是诸国纷争的年代，后蜀又偏处西隅，对后世影响不大，故而今人写通史，于后蜀大抵一笔带过，素少讲孟昶的事迹。其实，这位后蜀皇帝的有些事迹还是很值得一说的。他绝非庸碌无能之辈，政治上曾经有过一番作为，且工于诗文。他写的那篇《令箴》，全文96个字，字字珠玑，都是倡导廉政的。

文如下：

朕念赤子，旰食宵衣。言之令长，抚养惠绥。政存三祀，

令箴碑（局部）

道在七丝。驱鸡为理，留犊为规。宽猛得所，风俗要移。无令侵削，无使疮痍。下民易虐，上天难欺。赋舆是切，军国是资。朕之赏罚，固不逾时。尔俸尔禄，民膏民脂。为民父母，莫不仁慈。勉尔为戒，体朕深思。

这篇文章，孟昶当时即颁发到各级地方府衙。“各令刊刻坐隅，谓之颁《令箴》”。宋太宗极为推崇孟昶的《令箴》。继他之后到南宋高宗时，又以黄庭坚所书“尔俸尔禄，民膏民脂。下民易虐，上天难欺”一十六字，“命县长吏刻铭座右”。元代吴人徐元瑞编的《吏学指要》，《令箴》被全文收录。明清两代，许多地方官府的吏员，多有效法者，树立碑石以为戒，如是足见《令箴》对后世的影响。现遗存周至县委的那节残碑，当属这一时期的物事了。

平心而论，单看《令箴》确有可取之处，即便放在今天，仍不失其积极意义。故而南宋的洪迈，从《令箴》推论到“昶区区爱民之心，在五季君为可称也”。然而，遗憾的是拿《令箴》去对照孟昶及其周围大臣的实际作为，当会令人大失所望。欧阳修《新五代史》称，“昶幸晋、汉之际，中国多故，而险据一方，君臣多为奢侈以自娱。至于溺器，皆以七宝装之”。宋史记载，宋太祖赵匡胤见到孟昶珠宝装溺器，“椿而碎之，曰：汝以七宝饰此，当以何器贮食？所为如此，不亡何待”。原来，孟昶提倡廉政只是说说而已，或者如《令箴》两字标示的那样，只是规劝地方官吏的。孟昶本人及其七宝溺器，言行之间，截然相反。而且七宝溺器的故事，与《令箴》传得一样久远。

元末朱元璋灭陈友谅，见陈友谅所用之镂金床，立即斥曰："此与孟昶七宝溺器何异？"中国历史上，但言廉政，几乎代代有之，认真做的，究竟能有几朝几人？在探讨这个问题时，切切记住孔老夫子的名言：听其言而观其行。

搜古索经，俗人克敬知道这《令箴碑》不仅周至县衙有，普天之下的州府衙门也都有过，改朝换代数百年，也许因为离乱，也许因为过时，大都遭遇毁弃，而周至县的这通《令箴碑》能流传至今，其中不知有多少感人故事。俗人克敬多方探访，因缺少文章记载，竟无所知晓。还真是托了改革开放的福，才有人敢把破了的"四旧"，千方百计搜寻回来，赫赫然竖立县委大院，其用心可谓良苦，意义可谓深焉。

2001年8月7日夜　西安后村

遗臭碑：民心本是一杆秤

云南省路南县原民众教育馆内，立有一块古今稀有的石碑：“路南贪官许良安遗臭碑”。此碑系彝族同胞于民国三十三年(1944年)元月十日刻石竖立的。

碑文云：

> 古无有为贪官立碑者，有之，自路南始。夫流芳遗臭，皆自人为，分道扬镳，亦各有别……路南许良安者，实为我邑空前绝后之贪官……自到任后，巧取豪夺，恣意挟持，窒息民生，借端敲磕。到县甫及半载，搜刮已到数百万金，下乡流连二月，受害尽遍十三镇。

如此贪官，怎能不激起民愤，地方绅士人等联名举告，终使许良安被撤换，为了警告继任官吏，也为了路南百姓少受盘剥，大家自发集资集粮，雇请石匠刊碑勒石。至今，那座“抒众愤，戒后人”的遗臭碑，仍竖在原地，千人唾，万人骂，蒙上了一层厚厚的污垢，倒也不失镜鉴的作用，让为官者面对它，不免心惊，自觉约束手脚，少做或不做有违民心民意的赃事。

2001年12月7日　西安后村

处方碑：善人的一种解释

法门寺北去10里，是俗人克敬的老家。少小时候，常随家父去法门寺赶庙会，途中会看见一座石碑，巍然高耸，立于人来人往的大路边。有人累了，便靠在碑座上歇一会儿，因为要空出手来抽一锅烟什么的，就把牵在手里的猪呀、羊呀，还有马、牛、驴之类的畜兽，拴在碑座那伸得长长的乌龟（准确的说法叫赑屃，传说中力能举天，故旧时石碑的碑座多雕其形）头上，有人还因屎尿急了，也躲到石碑的背后去，一阵放松。克敬也到大石碑的背后放松过，见那块不大，却饱经屎尿滋养的荒地，长满了五色杂草，春夏时节的蒲公英、荞妈苔、娘娘枕，深秋时节的野菊花，红、黄、蓝、紫，花团锦簇，十分热闹悦目。

克敬问过家父："这是谁的碑子呢？"

家父说："一个善人的。"

再问家父："善人是谁？"

家父不再回答，也去看碑石，迷茫的眼睛显见也不知道善人是谁。立碑的"善人"此后成了俗人克敬心中一个抹不去的谜。后来识得一些文和字，再与家父去法门寺赶庙会，歇在石碑下，想着能从碑上的文字了解这位"善人"。遗憾的是，所能看见的石刻文字，尽皆遭人损毁。从损毁的方式上辨析，损毁者好像还不是一人，有些石刻文字，显见是用铁锤砸损的，有些则是动了錾子，一錾一錾凿毁的。百姓口碑中的"善人"碍着谁了？妨着谁了？竟然要下此毒手！

克敬的疑惑瞒不住家父的眼睛，他说那是恶人所为。恶人为了使得碑石上的处方成为秘方，好为他自己获得利益，偷偷地抄下处方后，就把碑石上的处方残忍地毁损了。克敬面碑而立，不禁恨起了那些恶人。还好，石碑高处的文字依稀还在，克敬便央求家父架着我，去辨认残存的碑文。站在家父的肩上，我首先读到的是这样四句话：

生命至贵，有贵千金；
一方济之，德逾至此。

当时不知道这些句子的意思，更不知是谁所撰，念给家父听，家父亦不解其意，只觉得读来朗朗上口，如诗一样美丽，便如有刀雕，深深地錾刻在克敬的记忆中了。

俗人克敬后来去耀县的药王山游览，始知这四句话为药王孙思邈的佳句。公元581年，孙思邈出生在京兆的华原（也就是现在的耀县孙家原村），幼年体弱多病，为了给他请医生买药，几乎耗尽了家里的所有财产。10岁时，家乡流行了一场瘟疫，凶猛的疫害，夺去了许多乡亲的生命，家以人灭，千村萧条。这一切在孙思邈幼小的心灵中打下了深刻的烙印，暗下决心，苦读医典，救民病难，成就了他一代药王的盛业。

药王为人治病疗疾，从不论病人的身份地位。他说医生“不得问病人贵贱、贫富……普同一等，皆如至亲之想”。这是他朴素的医学思想，更是他坚持不渝的医学操守，因此也才会有那四句哲思天成的美言。他把人的生命看得高于一切，仿佛千金般贵重。而能够治病救人的医方，其价值自然与千金一般。由此推论，伟大的孙思邈便把他的医学著作定名为《千金要方》，此后晚成的一部医学专著也取名为《千金翼方》。

哦！苦苦待解的谜终于有了底。人们一代一代留传的“善人”是药王孙思邈呢。他真该有这样一个称呼：善人。

克敬还记下了石碑上另一些文字，一个连着一个，都是草药的名称：旱莲草、女贞子、百合、首乌、人参、桃仁、茯苓、苡仁……克敬后来记忆中的这些草药名称，依着顺序说给一位研究中医的同学听，经他一番斟酌配伍，竟然开列出几服绝妙的药膳验方。

处方碑在俗人克敬的心中愈发高大起来。可问题跟着又来了。在俗人克敬着墨要写这通处方碑时，思索着何不回家乡再与处方碑面对面交流一次。熟悉扶风县典故的一位文化馆旧友，陪同我一起寻访处方碑，他随便的一句交代，让克敬不禁目瞪口呆，半天回不过神来。

旧友说：“那碑子快要倒了。”

旧友还说：“查阅县上旧志，那通石碑是为杨贵妃的叔父杨询立的呢！”

“回眸一笑百媚生，六宫粉黛无颜色”的杨贵妃，怎么也与这通处方碑扯上了联系。是她为其叔父杨询立的碑吗？俗人克敬的想象涩滞起来，昏头昏脑地再次站立在这通石碑前，感到从来没有过的迷茫……对了，为丈夫李隆基百般宠爱的胖娇娃杨玉环，其堂兄杨国忠不正是杨询的儿子吗，为父立一块碑石当在情理之中。祸国殃民的杨国忠，与他享尽荣华的堂妹杨玉环，都在安史之乱中，被护卫玄宗李隆基的禁军杀死在马嵬驿，留下一段遭人唾弃诟骂的历史。然而立在扶风县境的碑石，却享受着平民百姓“善人”的赞誉。

处方碑，一个已经解开的谜，现在又回归成谜，俗人克敬是解不开了。暖暖的秋阳，照着将倒未倒的处方碑，克敬用目光从碑座触摸起，一点一点地摸高，却也有了新的发现，少小时站在家父肩上还能清晰识辨的碑文，如今亦被毁得一塌糊涂。不用问，一定又是破“四旧”的成果了。俗人克敬触摸碑石的眼睛迷离起来，感到焰火一般的阳光，照得黑黑的碑面镜子一样光亮……一个人是“善”是“恶”，都会在这面镜子里显出真形来。

平民百姓的感情不会错。不论处方碑是谁而立，为谁而立，其实都不重要，重要的是碑石上雕刻的中药处方，在缺医少药的时代，救了不少人的性命。

如是立碑者即为善人。

而怀着利己的心肠，伸出罪恶的黑手，把碑石上的中药处方抄下来，再把碑石上的中药处方毁掉，断了大家平等享用药方给予的恩惠，以致让有病的人花钱从他那里取得，甚或使人有病无钱医治而毙命。

如是即为恶人。

2002年11月14日上午　西安后村

良心碑：为国哪顾身死

怀揣着隐隐的心痛，拜谒张自忠将军的墓，俗人克敬自有一种别样的感受和体会。恰好那日的天上，浓云密布，疾风阵阵，不时地还要落下不疏不密的雨，使克敬隐痛的心情，更添一种阴郁和块垒。

张自忠将军字荩忱，山东临清人。20岁时加入同盟会，因痛感国势羸弱、外患煎迫，毅然投笔从戎。到1933年长城抗战中，将军已从一个学兵，成长为二十九军前线总指挥。喜峰口阻击日军，以大刀队重创敌寇，名震中外。1938年担任五十九军军长，转战鲁、皖、豫、鄂，先后在临沂大败日寇坂垣师团，并在台儿庄会战中建立奇功；台儿庄大战后，日军增兵，包围徐州，截断陇海线，将军又临危受命，掩护徐州数十万主力突围。武汉失守后，又在长寿店战役和随枣战役中屡立战功，升任三十三集团军上将总司令兼第五战区右翼兵团总司令。枣宜会战，将军身先士卒与日寇血战，身受七创，壮烈殉国，时年仅50岁。历史记载下了将军的英名，他是抗战中牺牲的国民革命军最高级别的将领，在二战同盟国方面，将军亦为牺牲在炮火中的最高级别的将领。

在张自忠将军的生平陈列馆里，讲解员声色悲壮地告诉我们，将军的死，纯粹出自他自己的选择和决定。

将军的照片放大了，镶嵌在陈列馆的橱窗里。无论戎装还是便装，将军都是光头大眼，目光炯炯。其中几帧戎装照，戴着老派的圆眼镜，让人觉得他的儒雅和文弱，几乎不像个将军呢。可正是他，在与敌寇战斗的关键时刻，置生死于度外，亲率突击队，趁晚跨过襄河，不顾一切地向北进日寇发动攻击。

在东渡襄河抗击日寇之时，张将军给他的副手冯治安留了一封信："因为战区全面战事之关系及本身的责任，均须过河与敌一拼……无论作好作坏，一定求良心得到安慰……"此前，将军还告所属部将书："看最近情况，敌人或要来碰一下钉子；只要敌来犯，兄即到河东与弟等共同去牺牲。国家到了如此地步，除我等为其死，毫无其他办法。要相信，只要我等能本此决心，我们国家及我五千年历史之民族，决不致亡于区区三岛倭奴之手。为国家民族死亡决心，海不清，石不烂，决不半点改变。愿与诸弟共勉之。"这是何等样的气概呀！将军以他高贵的生命践行了他的诺言。临终之际，除了鼓舞将士杀敌外，将军还留下了他生平的最后一句话："自问对国家、对民族、对长官，良心都安慰……"

"良心"二字，成了张自忠将军告慰自己的人生忠言。查阅将军的书信、手令，时时可见"良心"二字的闪光。

是啊！俗人克敬以为，做人无论如何是要讲良心的。

从陈列馆出来，缓步十数级台阶，就是张将军的墓园了。将军殉国后，灵柩自他牺牲之地溯流长江运行重庆，去宜昌，十万军民江边自发送别，专轮所过，万县、云阳、忠州、奉节等地，沿江军民望灵遥祭，虽敌机临空而不为所动。将军的良心，感染着全国人民的抗日热情，始有抗战的最后胜利。在这里，我们看到了周恩来为此奋笔疾书的八个大字：忠义之志，壮烈之气。

将军初葬这里时，周边应当是荒坡枯芜。据传，蒋介石当时亲临祭奠，就是穿过水田、坡道，走了很长一段路才到山顶的。蒋介石说了什么，俗人克敬不知道，其时站在一块巨碑前，看着隶书的

张自忠墓

“张上将自忠之墓”几个字，知道是冯玉祥的题写。张将军亦好汉隶，资料记述，张将军“平日喜读书，嗜书法，日临汉隶数纸”。如此看来，将军的墓碑，用冯玉祥的隶书题识是一种最好的纪念。

但将军的墓碑着字太少了。他有那么多的功绩可写，却为什么不写呢？俗人克敬特别地纳闷，无法求解，就只有揣测了，感觉正是因为不多写，而将军的良心、忠义和正气更能深入人心，长留人间。

牢记张将军的良心。

唯有有良心的人，才是有责任心的人。

2003年11月20日　西安后村

官箴碑：说到容易做到难

清朝道光四年（1824年），广东连平进士颜伯焘，放任山东泰州州治。其时年轻的、风流倜傥的州治大人，初来乍到，还是非常勤于政务的。一日，他在州府堂上翻阅着一摞厚厚的公文，翻得久了，招呼仆人给他准备家乡的功夫茶。这是颜大人的一个癖好，自幼从老父那里学来的，为官以来，走到哪儿，别的什么可以不要，那套冲泡功夫茶的器具是非要带上不可的。

仆人的年岁要长一些，是颜伯焘大人从老家带来的。忠实的老仆人，迅速地铺张着茶壶、茶盅、茶漏、茶勺等一应茶具，自然也少不了家乡名茶铁观音。烧水煮茶，完成着一个烦琐的程序，直到把一盅酽酽的功夫茶捧到了颜大人的面前。颜大人伸手接了，哧溜一声，从牙缝中吸进嘴里，仔细地品味着，感觉十分的地道，暂时地放下了手边的公文，摇晃着脑袋摇晃着腿，很自然地，在老仆人的服侍下，一盅一盅地品咂着功夫茶。

来泰州有些日子了。颜伯焘大人没有像今天这么心情好，为什么呢？他自己也说不清楚。虚眯着眼睛，扫视了一遍他的州府大堂，感觉一切都太陈旧了，特别是四周的粉墙，黑糊糊的已不见白灰的样子，且有许多裂纹和掉得一块一块的墙疤。沉浸在功夫茶的好心情里，颜大人下了决心，要把残破变色的墙壁修葺一番。

不成想，颜伯焘大人在功夫茶的灵感中下的这个决心，让他更是大喜过望。工匠们在清理残房破壁时，在墙内发现了一块“官箴

西安碑林博物馆一景

碑”。这块由明代贤良张聪贤铭文、恭定年公在山东做巡抚时首刻的碑石上，赫然镌刻了那一段后来成为官场名言的警句：

> 吏不畏吾严而畏吾廉，民不服吾能而服吾公，公则民不敢慢，廉则吏不敢欺，公生明，廉生威。

端详着碑石上的文字，颜伯焘大人心潮难平，他的脸上泛起一抹红红的霞彩，两眼炯炯放光，当下招呼仆人研墨展纸，又写了一段跋文，刻在碑上。然后，小心地移碑石于衙署侧之西轩，作为了他的座右铭。

现在，那一通珍贵的“官箴碑”，十分完善地安放在西安碑林博物馆的五室之中。碑石没长腿，是怎样从山东的泰州移来西安的呢？俗人克敬多方打听，遍查资料，终了没有一个明确的说法，就只有瞎估摸了。数千里的路程，一块弥足珍贵的官箴碑，迁移西安的过程，想必不是件容易事。克敬便由衷地要感谢那个做了好事不留名的人了。

西安碑林，是游客来西安必游的场所，不要说文章大家、骚客书家，就是粗识文墨的人，莫不为西安碑林的馆藏而激动，那确实是一处石质的书库。一块块厚重的碑石，宛如一页页不朽的史书，刊刻了包括“四书五经”在内的许多中华文化的典籍。历史上王羲之、柳公权、欧阳询、褚遂良等书法大家的作品，更为丰富的馆藏文化，增添了一抹狂放的、浪漫的、黄钟大吕式的艺术色彩。

居家西安的俗人克敬，没少陪同客人到碑林博物馆游览。许多次面对官箴碑，阅读着碑石上的文字，为颜伯焘而感动，以为他在漫长的封建社会中，是个为数不多的好官，明操守，重德行，立碑自警，一意向善。他自己因此也平步青云，官阶一升再升，后来还做了权重一方的闽浙总督。

近来，读了解维汉先生的一篇文章，使俗人克敬不禁汗颜，检讨自己的学识浅陋，仅以一块碑石上的感受，去为一个历史人物感动，实在是有些轻薄了。

作为同事的解维汉先生是俗人克敬常要学习追赶的人，他做人低调，作文严谨。克敬读到的他那篇近作，文字虽短，却把一个刚愎自用、善于作秀、腐化堕落的颜伯焘，活画了出来。

第一次鸦片战争时期，一意查禁鸦片的闽浙总督邓廷桢，与林则徐一起流放伊犁。官运亨通的颜伯焘接替邓廷桢入驻闽浙总督府。适逢英人炮舰进攻厦门，这位颜总督不懂军事，偏偏地听不得逆耳忠言，面对着气焰嚣张的英国侵略军，他在布置海防时，命令福建各城巨炮运抵厦门，排列于海口，陈放于护墙之外。这样的做法，明显地犯了兵家大忌。有将军提醒颜总督，大炮是放一回，就要装一次弹药的，士兵怎能出墙装弹？颜总督哪里听得进去，轻蔑地说：

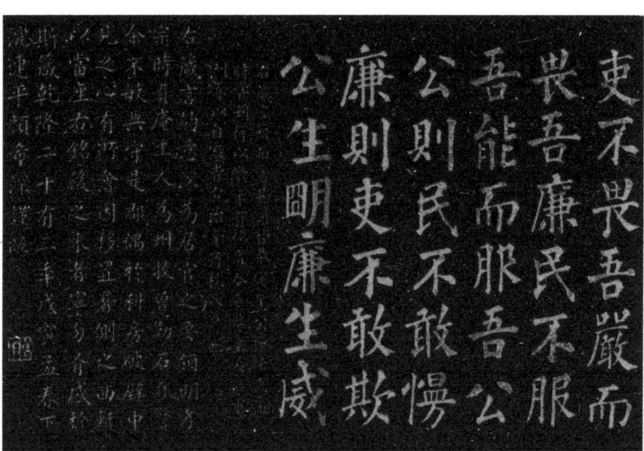

官箴碑（局部）

“一炮即可灭贼，何须再装弹药。”及至英军袭来，士兵见帆影便将炮火放完，敌军并未灭掉。颜总督是胆丧魂散，带头逃命，清军士兵失了头领，自然溃败得如海浪决堤一般；有胆识有气节的将士，还在炮台阵地上做拼死抵抗，颜总督竟然大为光火，在逃命路上，公然颁布命令，不许下属抵抗。理由非常的荒唐：若一抵抗，英军就会从浙江调来援兵，福建就要为浙江而受祸了。

呜呼哀哉！俗人克敬实难相信，这样一个狗官，怎么就能得到朝廷的器重，任责闽浙安危？

狗官颜伯焘的荒唐还不仅于此。在他受责革职回籍时，表演得更加不知廉耻，可恶到登峰造极。

俗人克敬读过郑板桥卸任离职的两句话：“三绝诗书画，一官归去来。”就是说为官一任，受百姓爱戴的郑板桥，无论赴任，无论去职，都是一仆、一驴、几卷书的萧然景象，如此清风两袖，高风亮节，哪里是无知且无耻的颜伯焘所能比。

清人一部《椒云年谱》的著述记载，无德无能的颜伯焘，革职回他的广东连平老家，从福建一路走来，随行的家眷、仆从、兵役、抬夫，差不多有3000人众，拉拉撒撒扯开来，首尾之间2里的路径，不是马车，就是轿舆，即便是一名仆从、一个使女，都要有4名轿夫抬轿，8名兵役护卫，逶逶迤迤，好不威风。仅在漳州一地，县中为颜伯焘摆的招待酒席，就达400余桌，而且在漳州游山玩水，一住就是数日，搞得“县中供应实不能支”。而漳州距离他的老家连平还远着哩，这么一路铺排下来，不知要费去多少人力？多少银两？

俗人克敬纳闷儿了。想不明白一个革职回乡的总督，何以还敢如此寡廉鲜耻，骄奢淫逸。也许只有那句流传广泛的旧话能说明问题：三年清知府，十万雪花银。

俗人克敬还掐指算了算，颜伯焘自他发现官箴碑，写了跋文立在泰州府衙西轩以为座右铭，距他厦门落荒败逃以致革职，前后不过十六七年的光景，前后行止竟是如此矛盾。前者仿佛胸怀廉耻之心，敬畏之心，一意向善，立碑自警，全然一介耿直志士；而后者却是那么的无知狂妄，贪得无厌，鲜耻寡廉。究其原因，不外乎解维汉先生所总结的那样，一为“人是会变的，不注重品格操守，就很容易同流合污”。二为“既听其言，而更要观其行”。

颜伯焘初任泰州郡守时，心地还不是太坏，见贤而思齐，那种清醒的态度，那种向学的精神，还是值得肯定的。他之后来蜕化变质，沦为没有廉耻的狂妄贪婪之徒，是与清末一塌糊涂的吏治腐败相关联的，“眼见人尽醉，何忍独自醒”。便只有与时代同流合污了。

高调子人人会唱，上面（朝廷）也爱听。颜伯焘的高调子显然唱得很有水平，因此他有官做，做了大官。但他也太言行不一、心口相背了。“试玉要烧七日满”，对能唱高调子、善唱高调子的人，听他唱一唱也无妨，关键的问题是，不要轻信高调子，而要看他是怎么做的，做得怎么样。

这是一个普遍的真理，说的人已经很多了，俗人克敬在这里重新提出，绝无掠美的意思。

2004年元月31日　西安后村

猿像碑：发烫的屁股暖不热冷板凳

2003年的深秋时节，俗人克敬去山东参加一个媒体座谈会。主人安排去孔府一游，在孔府过厅接大堂的走廊上安置着一条长板凳。听导游讲，孔府的这条长板凳安置在这里数百年了，已经成为孔府一件独具特色的文物。当地人习惯性地称其为“冷板凳”。

导游的一句“冷板凳”，蓦然连接了俗人克敬一条思古的通道，想象当年权倾朝野的严嵩在这条长凳上坐了一整天，等待孔府衍圣公的召见。然而衍圣公愣是不见他，让他把一条客来客往的热板凳愣是坐成了现在文物化的“冷板凳”了。

其时，严嵩的头发已经花白，牙齿也掉了几颗，眼角上还堆着两疙瘩眼屎……专权朝政20年的严嵩，潦倒成只有坐冷板凳这个样子，也是他绝对没有想到的。千里迢迢，带着非常丰厚的礼物，严嵩到山东的孔府来，是有求于衍圣公的。来时，严嵩是很有信心的，孔子第六十四代孙孔尚贤的媳妇就是他的孙女，虽然他那孙女的长相如他一样丑陋，心性却比他高洁，而且颇具才华，嫁进孔府，与君亲夫唱妇随，倒也十分地和睦快乐。不要说他在朝为官那么多年，仅凭亲戚这一层关系，衍圣公也不能让他大坐“冷板凳”，从早晨坐到向晚，茶也不给喝一口，饭也不给吃一粒，这算个什么事呢？

严嵩的眼睛热喷喷的，他坐在冷板凳上，又一次看了一眼启事厅的启事官。小小的六品启事官却根本不看他，手捧一卷《论语》，逐字逐行，认真地阅读着。有客来访，他也会暂时地放下书卷，与来客聊上几句，知道了来意，该进堂屋通报的，立马进去通报，再招引客人进去；事毕，又把客人送出来，所言所行，周到热情，不失礼仪。偏偏地把个当朝内阁首辅严嵩晾在过廊的冷板凳上，不理不睬，显得既失礼，又失仪。

有什么法子呢。此时的严嵩，已非彼时，他年老丢官，既无权，又失势，如同出山的猛虎，落地的凤凰，“在人屋檐下焉能不低头”，他只有忍气吞声，静坐冷板凳了。

坐在冷板凳上的严嵩，心里头一定是又悔又恨的，悔的是既知今日，何必当初；恨的是世态炎凉，人心不古。其实，他悔是应该的，恨倒不必。因为他的所作所为，是没有恨的资格的。

坐在冷板凳上，严嵩一定想起了他为世宗皇帝奉献的青词《庆云赋》、《大礼告成颂》。点灯熬油，严嵩在笔尖上磨出了这两篇文辞华美的青词，一下子获得世宗的青睐，品味再三，认为他的青词字字珠玉，句句风流。他因此平步青云，跻身内阁首辅的宝座。

奸人得志，遭殃的只能是忠臣良将了。

锦衣卫经历沈链查证了严嵩和他儿子严世蕃的许多罪行，于嘉靖三十年（1551年）上疏世宗，请求诛戮奸贼，以谢天下。奏疏呈上后，一门心思求道炼丹的世宗皇帝，不问青红皂白，即以“诋诬大臣”的罪名，对他施以廷杖之刑，并谪佃保安。在保安教习乡中子弟时，沈链仍把严嵩和李林甫、秦桧等先朝奸臣相提并论，大加贬抑。严嵩知道后，恨之入骨，遂诬陷沈链图谋反叛，把他逮捕处死，沈链的两个儿子也被只会一意媚上、残酷弹压下民的严嵩杀害了。

嘉靖三十二年（1553年），升任兵部武选司郎中的杨继盛，对严嵩父子祸国殃民、残害忠良、欺下媚上、贪赃枉法的罪恶行径大为反感，正月里奋笔写了一份《请诛贼臣疏》，列举了严嵩十大罪状、五大奸谋。严嵩看到后，反咬一口，诬陷杨继盛目无君上、阴谋反世宗，挑拨皇上大动肝火，将杨继盛投进诏狱。严嵩便指使其爪牙，对杨继盛进行严刑拷打，大腿上的肉被打成了碎片，整个人血肉模糊，剧烈的创痛常常使他夜半醒来，打碎瓷碗，用碗片刮去腐肉脓血，狱卒们看得毛骨悚然。就这样折磨了三年，最后又使奸计，把杨继盛剜心处死。

抗倭名将俞大猷为人耿介，对严嵩父子心有不满，不肯与他们同流合污，也遭到了严嵩的暗算，指使党徒以莫须有的罪名把俞大猷逮捕下狱。朝中一些善良的同僚，出于爱才和同情之心，相约你出一点，他出一点，凑了3000两银子，贿赂严嵩的儿子严世蕃，俞大猷这才留下一条性命，发配山西大同戍边。

严嵩父子贪赃纳贿，可谓到了雁过拔毛的程度，严家的财富可与皇帝比。在京城，严府连三接四，高墙巍宇、巍峨壮观，并在其中的一座府第前建了一座大花园，园中珍禽异兽，奇花异草，应有尽有；更为

孔府狻像

令人称绝的是，动用工役开凿了一片人工湖，面积近百亩，湖光云影，画栋雕梁，愈显严府的富丽堂皇。像这样的府第，在家乡江西的分宜，又连修了5座，座座壮丽豪华，美轮美奂。事败抄家，抄出了黄金3万余两，白银200多万两，其他珍玩宝物，价值连城，无以数计。难怪严嵩的宝贝儿子严世蕃要自夸了："朝廷不如我富！"

坐在冷板凳上的严嵩，可曾想到他和他儿子造的孽。也许他想了，也许他没想。俗人克敬在深秋萧瑟的风声里，在孔府，在孔府大堂通二堂的过廊上，面对严嵩480年前坐过的这条冷板凳，脑海里不可抑制地翻腾起严嵩当朝时掀起的那一场又一场的血雨腥风。

孔府狻像（局部）

俗人克敬攒足了一口唾沫，“咳”了一声，差点就要唾在那条久经历史的冷板凳上，可就在要射出口唇的一刻，还是硬硬忍住了。

克敬找不到唾的对象了。

严嵩无可奈何地走了，空留一条冷板凳。板凳没有错，板凳只是一个见证，数百年来，被孔府的传人一代一代地保留下来，同时保留下严嵩大坐冷板凳的故事。这个故事，让每一个见识了冷板凳的人，心里都会有一个“冷冰冰”的触动。

是日，严嵩没能见到衍圣公，也没能见到他的孙女，脸色灰塌塌地走了。他的心，比他的屁股所遭遇的冷板凳还要冷许多。他知道，从孔府的大门走出，就没有谁再能为他说话了。

严嵩的腿是麻木的，脚是麻木的，走起路来摇摇晃晃，头上的白发也像冬天里的败草，纷纷乱乱……他退到孔府的府门口，却还不能自禁地又回了一次头。他是希望看到孔府有人能追出来，让他进去见一面衍圣公，见一面他的孙女儿，让他说出他的恓惶，可怜可怜他一个老头子，让皇上放他一马，使他能有一个善终。

然而，只能让严嵩失望了。没有人追出来留他。而他却蓦然看见孔府进门照壁上的那一面“猰”像碑。他的眼睛刚一看见“猰”像碑，就如烈火灼了一下，眼前即黑洞洞什么也看不见了。

“猰”是个什么样的动物呢？不像狮虎，不类狼豹，张着血盆大口，神形贪婪奸佞。严嵩心里暗暗叫苦，悔恨自己没能早日见识“猰”兽的样子。

“猰”兽是一个利欲熏心，黑肝黑肺，黑天黑地的罪恶东西。俗人克敬猜想，严嵩是知道“猰”兽这个罪恶的东西，在地球物种中是不存在的。孔府先祖为了教育后世子孙，独创了一个为人不齿的“猰”兽，画像造碑，镶嵌在门首的墙上，以便告诫子孙，谁做了官，不守祖训，如“獖”兽一般可恶，贪赃枉法，辱没先祖，到死是不得步入孔府、不得入葬孔林的。

严嵩死死地闭上了眼睛，没敢再看一眼“獖”像碑，他彻底地绝望了。衍圣公让他坐了一天冷板凳，显然是在遵守着祖训，不愿与他方便。

冷彻心肺的严嵩，苦着脸离开了孔府，回到了京城，不久便遭到世宗皇帝的严查。他的儿子严世藩，被绑赴西市斩首。他自己被逐出京城，无家可归，在荒郊野外找了一个安葬死人的墓舍，蓬头垢面寄食其中，在悔恨孤寂、贫病交加中终了一生。

见识了“冷板凳”，又见识了孔府里的一切景观，然而在俗人克敬心里影响最深的还是那面“獖”像碑。

俗人克敬面对“獖”像碑的心境，与480年前严嵩面对时是不一样的。一介书生的克敬，看着碑石上的“獖”兽，更多的是一种欣赏的心情，觉得孔府的先祖，创造的这一个怪兽“獖”，真是太传神，太有必要了。虽然动物界压根儿没有这个“獖”兽，但在人世中，却是代有“獖”兽出，明朝的严嵩是一个，清朝的和珅是一个，现在的那些手握重权的贪官们是又又又一个……好像现在的土壤和气候，特别容易滋生贪官污吏，今天揪出一个，明天还会再揪出一个。揪出以后，遭受到的都会如严嵩一样的下场。克敬便不揣冒昧，想要告诉走上官场的人物，有机会也到孔府走一走，先见识一下那条“冷板凳”，再见识一下那块“獖”像碑，想必会有一个警醒，对自己的行为不无一种约束。

最后，俗人克敬还想推荐一首无名诗人的诗作给大家，诗曰：

终日奔波只为饥，方才得饱便思衣。

衣食两般皆满足，又想姣容美貌妻。

要得娇妻生爱子，恨无田地少根基。

买下田园几十顷，又怨出门缺车骑。

庭前屋后满车马，复叹无官被人欺。

若要世人心里足，除非南柯一梦西。

2004年2月4日　西安后村

嘉禾碑：骗出来的欢喜也敢信

秋初的风柔柔的、绵绵的，像是飞天仙女的飘带，在脸上轻轻拂动。道光元年（1821年）的济宁府治汪泽民的心情，却难有秋风拂面的惬意。从京城来到济宁任上，眨眼儿三年过去，一起外放的同僚差不多都升了官，而他还在原来的位置，向朝廷里的人打听，得到的消息也是不大理想，甚至可以说还有点糟糕，一时半会儿难有升迁的机会不说了，居然还有人拟了奏章，上疏朝廷，弹劾他的无德无能。

汪泽民不是没有心计之人，而且舍得使银子，落下这个结果，不免有些心寒，脸上的气色也阴阴的，在府衙大堂上苦苦思谋着，觉得新皇登基，他应该有所行动，做件什么事情，叫新皇开心，他自己也好走出晦暗，步上一条理想的金光大道。

汪泽民虽然心里很急，面子上还能耐住性子，等待了一段时间，也观察了一段时间，自觉到了他出手的时候了。这个主意他是早就想好了的，并且指派他的心腹，小心仔细地运作了一段时光，一切就绪，只等他去揭幕了。把握好时机，汪泽民从府衙里出来，坐着蓝呢小轿，沿着济宁城外的运河一路走来。正是秋稻扬花结籽的时节，偏下了一场小雨，空气中满是黏糊糊的稻花香气，湿湿的，润润的，坐在轿子里的汪泽民差点儿要沉醉在稻花香里了。但他强制着自己不能沉醉，因为他虽然也关心老百姓的收成，但最关心的还是他的前程。

出城五里，有人拦轿报喜。

报喜者正是汪泽民指派在外的心腹。那心腹跪在汪泽民的轿子前面，高声大叫，济宁府的稻田里生出了一株异稻，粗壮的稻梗上十分惊异地长着九个麦穗，而且穗穗硕大，粒粒饱满。

汪泽民喝令轿夫停下轿子，轿帘揭开处，他款款势大地走了出来。脸上是一种不很信任的轻蔑，紧跟着就是一种诧异而敬昂的凝重。在乡间雨后泥泞的阡陌上，汪泽民向着北京的紫禁城，面对着九穗麦稻啪啪捋下手腕上的马蹄袖，双膝迅速地跪了下去，嘴里三呼万岁、万岁、万万岁，仿佛他跪拜的地方，就是紫禁城的朝堂了，他跪对的就是当朝皇帝道光。

跪在泥水里的汪泽民，述说着九穗麦稻的异象，是国之异象，民之异象。上天有眼，为新皇道光的登基才长出这样一株九穗麦稻。九穗麦稻的出现，昭示了一种天意民心。从而，大清朝五谷丰登，国泰民安，万世永保，实乃求之不得，可嘉可贺。汪泽民的头就磕在了乡间的阡陌上，嗵嗵地山响。

汪泽民长跪不起，就地草拟了一份表奏，并着人描图绘彩，把一株稻梗结了九穗麦子的奇观，迅速传递到了京城。

读者诸君，当您阅读克敬撰写的这段文字时，千万不要相信就是真的。因为克敬只是一种猜测而已，是见到那块“嘉禾碑”时，脑子里一走神，就有了这样一个猜想。

克敬这么猜想，也不是毫无道理，相信读者诸君耐心读下去，就会有克敬一样的猜想。

2003年9月23日上午，克敬到济宁市的太白楼游览，意外地发现了镶嵌在太白楼二楼墙壁上的嘉禾碑，克敬便不由自主地猜想起来了。克敬知道猜想是靠不住的，猜想常会欺骗自己欺骗他人。但

嘉禾图

克敬没有办法，现实生活中，克敬常会落入一个骗局里，让人家骗得心服口服，骗得喜笑颜开。

好像受骗是人的一个需要，克敬头大眼小，腰弓背驼，可有人夸奖克敬浓眉大眼、刚毅挺拔，克敬知道不是那个样子，克敬心里却也是很受用的。

谁能脱离这样的自骗和他骗？克敬不能够，别人能够吗？或许能够。但是道光皇帝不能够，他看到了汪泽民的表奏，以及与表奏一起送到京城的那幅九个麦穗长在一株稻梗上的嘉禾图，当下深信不疑，确定这是个好兆头。他初登帝位，是太需要这样的吉兆了。汪泽民体恤下民，巡察乡野，发现了这一吉兆，并迅速表奏朝廷，道光皇帝不能亏待了他。颁下旨来，着汪泽民回京复命。究竟这一次回京，汪泽民任了个什么官，克敬遍查资料，一无所得，去函山东朋友协查，回信也是一无所知。但有一点可以肯定，汪泽民因此确实升官了。在他离开济宁府时，花了些小银子，请来工匠，把那株稻梗上结了九穗麦子的嘉禾图，刻石勒碑，立于府衙大门之外，石上还刻了道光皇帝的褒奖之词和汪泽民的题跋之语。

那样的褒奖之词和题跋之语，俗人克敬实在不愿用墨重抄一遍。读着阅着，只是觉得特别的好笑。

一株稻梗上，能结九穗麦子吗?

这是个太常识的问题，三岁小儿也不会相信的。就说科技发达到今天，动物可以克隆了，植物可以杂交了，也别想搞出一株稻梗结九穗麦子的奇迹来。

本来，克敬还想请教一下杂交水稻之父袁隆平院士。想了想，只怕被满脑子科学意识的袁隆平院士吐我一头一脸，就干脆作罢。却仍然心有不甘，心里觉得真是好笑呢。

好笑皇帝原来也是那么的好被欺骗。

不仅中国的皇帝好骗，外国的皇帝一样好骗。手头有一份资料，说的是1787年，克什米尔地区并入了沙俄的版图，俄皇叶卡捷琳娜二世为了彰显她对该地区农奴的关怀和亲善，决计专程视察。

在那里负责接待俄皇的地方长官，是时任南方总督的波将金。为了掩盖辖区的贫困和荒凉，这位波将金大人亲自选定了一条俄皇视察路线，并下令在经过的路旁建起许多类似舞台布景一样的“农舍”和“粮舍”，强迫农奴迁移过来，穿着节日的服装，牵牛赶羊，在这样的“农舍”和“粮仓”载歌载舞，让俄皇看到的，都是一片歌舞升平、富足美满的景象。

波将金的苦心没有白费，他把俄皇骗得高兴了，不多时日，就受到了叶卡捷琳娜二世的封赏，喜滋滋地获得世袭“公爵”头衔。

俗人克敬读书有限，不知历史上中国的汪泽民欺骗道光皇帝，俄国的波将金欺骗叶卡捷琳娜二世的事情还有没有？克敬就只有再猜想了，而且还要用上一个肯定词：有。一定还有。因为官场上总是活跃着那么一种人，他们正经事干不来，官欲却又特别地强烈。怎么办呢？就只有玩弄欺上瞒下的把戏了。这样的人在官场上不绝种，这样的把戏就会层出不穷地演下去。

俗人克敬所举范例，包括汪泽民的“嘉禾”表演，还只是一些以下骗上的把戏。心有企图的他们，一为了名，二为了利，三为了官，欺上瞒下，公演骗术，似乎还好理解。问题是，上边的人（包括皇帝），那么容易上当受骗，那么乐于上当受骗，就让人很不理解了。特别是上边的人（包括皇帝），自己还要粉墨登场，大演特演欺术骗技，就不只是不能理解，而是要让人厌恶唾骂了。

开先河的当推隋炀帝杨广。《资治通鉴·隋记》记载了大业六年（610年）春的一件事。这时的大隋王朝，被杨广折腾了许多年，已经是国库空虚，人民贫困。可他还要打肿脸充胖子，邀约番邦首领齐集东京，诏令在端门街为他们举行歌舞盛会。戏场子周长5000步，管弦乐伎18000人，演出通宵达旦，灯光照耀天地，丝管之声数十里外可闻。这次演出，前后持续了一月之久，耗费可谓无数。而当胡商提出要进入丰都市场“交易”时，杨广又诏令将街道装修一新，店铺的房檐要整齐划一，街边要多设帷帐，店内要摆满珍奇货物，街上市民要衣着华丽，连卖菜的小贩屁股下，也要一律铺上龙须草编织的垫子，就是长在街边的树木，也要用锦缎包裹起来。他还决定，外宾从酒店饭馆门前经过，店老板要热情邀入就座，免费吃吃喝喝，并骗他们说：中国富足，喝酒吃饭概不收钱。老外中有眼儿亮的，看出了破绽，认定其中有诈，便故意质疑：我看中国也有食不果腹、衣不蔽体的穷人，何不把免费的食物、缠树的丝帛送给他们？

嗟呼！庸官俗吏大耍欺术骗技，仅只是为官一方，皇帝也来大耍欺术骗技，那便是要一国百姓遭殃了。杨广制造虚假繁荣，还未等番邦首领都能离开东京，便已众叛亲离，骚乱迭起，不数年，江山即已易了主人。如杨广一样好大喜功、弄虚作假、粉饰太平的皇帝，好像一个生命力强盛的病毒，流传数千年，就没有能绝种，差不多所有为帝王者，都有所感染，只是感染的程度有轻有重罢了。俗人克敬愚拙，想不明白这么浅显明了一个毛病，在帝王的身上何以就得的那么深？

2004年2月9日　西安后村

踹匠碑：脚手不能承受的痛伤

“踹匠”这个词儿，俗人克敬查了新华词典，知道“踹”字的含义是：用脚底撞击，例如把门一脚踹开。“匠”字的含义是：①有专门技艺的人，例如木匠；②在某一方面有突出成就的人，例如巨匠。匠字的第二种含义不在“踹匠”的这一词组中。这个独特的词组所指，就是身怀某种生产技艺的人，背井离乡，一步一步走到一个地方，受雇于人，凭技艺和力气换口饭吃的人。具体到明清时期的苏州，手工业的发展进入到一个相当发达的程度，例如纺织业，就分化成许多专门的工序——轧花、纺线、织布、染布和踹布。所谓踹布，就是将染好的布卷在木轴上，放在磨光的石板上面，再压上凹字形的踹石。踹匠踩在上面，两手攀住木架，双脚不停地用力，让踹石来回滚压，压出来的布就变得又紧又薄了，还有光泽。明白了这一层意思，着实让俗人克敬吃惊不小，感慨世事虽然变化，有一些东西，却怎么也变不了。就说盛行于苏州历史上的踹匠吧，不就是如今的打工仔、打工妹嘛！只是现在的打工仔、打工妹，比历史上的踹匠队伍庞大一些罢了。

俗人克敬去苏州会友，朋友领克敬去了他的书房，闲扯了几句，朋友被一个电话叫了出去。克敬等他的时候，无意中翻开撂在沙发上的一本书，又无意地读到一段文字，始知清朝前期的苏州，由于商品经济的不断发展，本土劳动人口紧缺，就有“不下万余，均非土著，悉以外来”的踹匠，来到苏州打工。踹匠们一无所有，一无所靠，工价低廉，生活困苦，雇主弹嫌他们了，二话不说，把他们像踩在脚下的踹石一样，一脚“踹”出门去，是死是活，只有听天由命了。其时，苏州的商业资本直接控制了生产，从而转化为产业资本。资本所有者在产业发展中获取了极大的利润，他们花天酒地，挥霍无度，这与踹匠们辛苦劳作，但却收入微薄、生活艰厄的境遇，形成极大反差。于是乎，踹匠们与资本所有者的矛盾日渐尖锐，到康熙三十九年（1700年）四月，由布业踹匠首先发起，爆发了一场旷日持久的踹匠罢工热潮。

读着这样的文字，俗人克敬顿然兴起，待朋友返回书房，便急不可耐地询问起来。朋友是热心之人，说是苏州碑刻博物馆有一块踹匠碑，对那次罢工有很详细的记述。克敬听着，忽地站起来，当下拉着朋友，让他做向导，直接去了苏州文庙的碑刻博物馆，并在众多碑刻中，迅速找到了那一块。

俗人克敬喜出望外，凑到碑前阅读起来，遗憾的是，此碑原来立于苏州阊门外广济桥畔，到1982年迁来馆藏时，有许多字因风吹雨淋，霜冻雪浸，已难看得清楚了。仅从能够识别的文字上，可以看出那次罢工的声势很大，“千百踹匠景从，成群结队，抄打竟无虚日，以致包头畏避，各坊束手，莫敢有动工开踹者”。踹匠们罢工的决心很大，时间从康熙三十九年的四月一直持续到康熙四十年，然而，踹匠们的罢工并未取得成效，反而是69家布商联名告到苏州府，府治动用了国家的专制权力，残酷地镇压了踹匠的罢工。贫困潦倒的踹匠们，竟也成了府治口中的“流棍”。

资本拥有者，有了官府的支持，对待踹匠更加有恃无恐，制定了许多约束制度。这些约束制度在踹匠碑上一斧一凿，都明确无误地刻了上去，“布商程同言、吴永亨、程广泰、郑元贞等呈词前事内称：‘切苏郡出产布货，所用踹匠，盈万成千，俱责包头钤束。工价有例，食用有条’”。为防止踹匠再生罢工，资本拥有者还让“包头编甲，责其互相稽察”，并要盘查踹匠来历，否则“一家有事，九家连坐”。这还不够，资本拥有者又让包头对踹匠“设循环簿，着令登填何处籍贯，何人保引，何日进坊，何日出坊，分例旧管、新收、开除三项”。坚持不许踹匠“聚众倡扰，停踹歇工行诈……如有踹匠恃强聚集，许即指名密报，以凭拿究”等。

但是，踹匠罢工的行动，并没有因为《踹匠碑》上的条文制度而终止。因为那些条文制度，明显地偏向了资本所有者的权益，而忽视了踹匠的权益。因此，来苏州谋生的踹匠，在以后的日子里，罢工的举动不可避免地又爆发了几次。

苏州碑刻博物馆有碑为证。俗人克敬在镶嵌着踹匠碑的碑廊上，又读到了一块永禁机匠叫歇碑。此碑勒石于清雍正十二年（1734年），记述的是机匠（也就是踹匠）又一次不堪忍受资本所有者的残酷剥削，而奋起罢工反抗的事情。这次罢工的影响非常大，以致惊动了中央（朝廷），兵部尚书兼都察院右都御使、太子太保、兵部右侍郎等当朝大员都极为关心，直接或间接地参与了此次罢工的处理。

处理的结果是，虽然对“叫歇”的踹匠进行了毫不留情地镇压和约束，却也还有可喜的一面。这是俗人克敬所欣慰的，那就是“叫歇”踹匠的劳动得到了必要的尊重，经济收入也有了一定程度的保证。这在碑文中可以看得很清楚，“机户（作坊主）出资经济，机匠计工受值”，换成现在的话说，即作坊主出资经营企业并发给工人工资，工人则向作坊主出卖自己的劳动力而获得报酬。碑文还进一步记述了当时按质论价和计件工资的史实，“至于工价，按件而计，视货物之高下，人工之巧拙为增减”。在此基础上，作坊主又要根据“纱机”、“缎机”的不同，发酒费给操作机器的工匠。

俗人克敬以为，这些碑记是弥足珍贵的。它反映了我国传统手工业出现了早期资本主义性质的雇佣关系，而带有封建色彩的行会制度已在一定意义上开始退出历史舞台，资本主义萌芽在踹布业中显露出了勃勃生机。然而，这些不是克敬在这篇文章中所要探讨的。俗人克敬透过踹匠碑，看到的是我们今天活跃在现代化工业生产中如当时苏州踹匠一样的打工仔和打工妹。

现在的打工仔、打工妹，比起清朝初年，在数量上增加了千万倍，从事的职业，亦千种万种，所面临的社会环境和经济环境，发生了很大的变化，但一些本质的东西，似乎没有多少变化。俗人克敬无意把问题看得太复杂，只说这拖欠打工者工资的事情，就很让打工者头疼，常常是苦作苦受，一年到头，要回家过年了，却领不到一分钱，逼得打工者没了奈何，爬到高楼顶上跳楼的有之，爬到大烟囱上跳烟囱的有之，爬到起重吊塔上跳塔的有之，以死相求，以求讨回他们的血汗钱。然而，往往还是讨不回，就有铤而走险者，提了刀子，上门武力讨要……这样的事情，几乎每天都有发生，只是岁末年终表现得更集中一些。

克敬晓得凡事都有一个过程，无动于衷不成，太急了也不成。但拖欠打工者工钱的问题，累积的时日已经很久了，是不能再拖了。临时性的措施解决了过去的拖欠，而今后还会发生新的拖欠。怎么办呢？可否订立一个国家法规，对拖欠打工者工钱的老板，有一个强硬的惩罚条例，若有老板胆敢黑心拖欠打工者的工钱，就罚他个心疼肉痛，并登记在案，让他在一定时间里不能再雇用打工者。否则，会不会出现踹匠碑所记那样：千百踹匠景从，成群结队，抄打竟无虚日，以致包头畏避，各坊束手，莫敢有开踹者……

俗人克敬不想看到那样的结果，但愿只是一种现代版的杞人自忧。

2004年2月12日夜　西安朱雀门

戒假碑：假作真时真亦假

戒假碑立于清光绪二十六年（1900年），现镶嵌在苏州碑刻博物馆的碑廊上。俗人克敬倏忽见识到碑刻上的文字，心头不禁一阵悸动，感慨制售假冒伪劣药品的事件，原来不独今日的市场上十分猖獗，历史上也多有不规，是件特别难戒的事情。

碑文记述裕庆堂的老板戈清祥，“高高祖宇秀公，通药学谙药性，于乾隆初年创制半夏，治阳虚痰饮一切顽疾怪症，效如桴鼓……咸丰道光年间及今，屡有渔利之徒……昌戳生牌，或取音同字异或取大房二房之别，在苏申出售假药，亦名戈制半夏，希图射利，不顾病人，为害非小……自示之后，倘敢仍前昌戳牌号，仿单以假混真，许即指名禀候，提究不贷。”

这种告示式的戒假之举，虽为苏州府衙颁布，但不知效果如何？俗人克敬是不抱幻想的，因为克敬接着在苏州碑刻博物馆还看到了几块几近一样的戒假碑，所记述的都是一样的事情。如此，可以肯定地说，对于妄顾病家安危，只图中饱私囊的奸邪之徒，仅靠公示劝诫，是根本不起作用的。

历史的教训如此，今日的教训亦如此。

2004年2月15日　西安朱雀门

戒欺碑：欺人无非欺自己

天下名碑万万千，帝王将相的碑刻，才子佳人的碑刻，都是克敬所关注、所喜爱，但却不是克敬有欲望探究的。俗人克敬南走北去，东来西往，目光热切地探寻着那些散落在民间的杂碑。

克敬深知这样的探寻是艰苦的，也体会了这种探寻的艰苦。民间的杂碑，有的还隐藏在荒山的草丛中，有的还埋没在乡野的瓦砾中，一有消息，克敬都会寻了去，往往一块碑刻，要花去很长时间，甚至数次访求，克敬的心是顽固的，初衷无改，什么艰辛，什么劳苦，克敬乐在其中。在苏州碑刻博物馆的际遇，俗人克敬简直是喜出望外，有太多克敬梦寐以求的碑刻。俗人克敬陶醉其中，又读到一通访遍神州难得一见的戒欺碑。

可以想象清朝咸丰四年（1854年）的端午节，市声鼎沸的苏州城热闹非凡，家家灶头包粽子，户户门头挂艾草，饭店酒肆里的雄黄酒，在食客高喉咙大嗓子的猜拳行令声里，开了一坛又一坛，雄黄酒独特的香气冲天而起，弥漫了端午节的苏州城；穿城而过的几条流水，更是聚集了太多瞧热闹的居民，男男女女，老老少少，胸前都佩戴着一只香囊，以五色丝绒缝成鸡、鸭、鹅和猪、羊、兔的形象，千姿百态，惟妙惟肖，玲珑可爱。大家从四面八方涌向流水岸边，争相观看龙舟比赛，鼓声、号角声，声声震耳，正如陈子龙端午诗描述的一样：

吴王五月水悠悠，极目烟云静不收。
拾翠有人卢女艳，弄潮几部阿童游。
珠帘枕簟芙蓉浦，画浆琴筝笮艋舟。
拟向龙楼窥殿脚，可怜江北海西头。

在举城欢度端午节的日子里，苏州城的药材铺户忘不了他们坚持累年的一项成例，向街坊邻居敬送中药材苍术、白芷一日，施与各家焚烧，以避污秽，而去燥湿。然而这样一件善举，却为一些不法之徒借口，大行强索滋扰之恶行。戒欺碑对此记述十分明白，称不法之徒结伙“届期来店，昼夜滋扰强讨硬要，若不与伊，即肆蛮横切”。害得药材铺户苦不堪言，无法应酬时，只有告官了。苏州府衙没敢怠慢，于当年10月20日，对“肆蛮横切”的无法之徒进行了必要的惩处，并勒石以戒，警告“不法之徒仍旧肆行索扰，定即严拿”。

在苏州碑刻博物馆的藏品中，俗人克敬一味读过去，又发现了一通刊刻于清朝嘉庆十七年（1812年）的戒欺碑。

两通碑文年代不同，所证事体也不一样，但所表达的事件本质是相一致的，都是由政府出面，借助专政机器，对欺行霸市、滋扰商家正常经营的不法之徒，进行严厉打击，以保障市场秩序和市场繁荣。

嘉庆十七年勒石所记的扰商事件，为一些混迹苏州的无赖，借假建立会馆之名，向同乡商人实施无德勒索。其时，做谷米生意的洞庭人徐昌期，长途贩运大米到苏州的枫桥镇发卖。谷米还在船上未卸，就有同乡王全兴、张济九、郭太和等登上船来，强行索要石米斛力五合。如此以来，徐昌期一文钱的利益都不能获得，反而还要贴进去一些。徐昌期咽不下这口气，在枫桥镇码头上闷头观察了几天，发现那一伙人，见船就上，无船不索，无货不抽，猖狂到这样的程度，与匪类又有何异。识些文字的徐昌期把他所见写了一纸诉状，告到苏州衙门，衙门差人侦调，发现问题比徐昌期的诉状所述还要严重。碑文对此的记述是，那伙人“设立巡船，聚集匪类……致米无人斛，船不能留，米价□贵□蒙”。对此，官府自然不能心慈手软，对带头欺商霸市的恶徒给予了坚决的打击，同时榜文告谕“自示之后，倘敢藉端措勒不遵，一经访闻或告发，定即按名严拏究办，决不故宽凛之”。

没错，对于欺行霸市的无耻之徒，只有无情打击之，坚持铲除之，才是唯一正确的做法。清朝嘉庆、咸丰年间苏州府的做法无疑是很对的，对于繁荣经济，保障商业发展，起了十分积极的促进作用。

俗人克敬十分乐意看到这样的局面。

俗人克敬以为，戒欺碑上的做法是可借鉴的，那就是在对为害一方的“霸”们实行严厉打击的同时，还要把他们的恶行公之于众，勒石警戒，耻辱终生。

2004年2月16日　西安太阳庙

学规碑：状元门中消息

很自然的，珍藏在苏州碑刻博物馆的学规碑，也是俗人克敬感兴趣的。

学规碑还有一种称谓，曰：卧碑，为什么就叫了卧碑？俗人克敬全不知晓，只有求教于识家给以指正。但克敬知晓学规碑刊刻的文字，为明清两朝钦颁全国学宫及各地府学、县学、书院、学道等机构的规章，指定要将其刻石嵌置在上述机构的明伦堂的左壁和右壁。

俗人克敬广泛搜索阅读古碑，曾在河南南阳的内乡看到过一块明朝洪武十三年（1380年）的《礼部钦依出榜晓示生员卧碑》，也曾在陕西三原县看到过一块清朝顺治九年（1652年）的《礼部题奉钦依晓示生员卧碑》，而这次在苏州碑刻博物馆看到的学规碑为清朝顺治十二年（1655年）八月的“卧碑”。俗人克敬认真阅读着这一块学规碑，感觉是最具代表性的一块，由江苏吴县儒学署教渝举人夏鼎立石，训导吴江月、长洲章云谷镌字，原碑立于江苏吴县县学。

俗人克敬对碑文的理解是：国家设立学校，免费培养人才的目的是供朝廷使用，学生应上报国恩，下修人品。同时还列举了八项条款，规范生员的言行。其大意为：

一　生员与其父母应互相帮助，聪慧的父母应教育子女走

“正道”；愚鲁的父母，生员应告其改邪，使之免于犯罪。

二　生员应学习前代忠臣清官事迹，学成后立志做一名忠臣清官，做一切有利国家和人民的事。

三　生员为人要忠厚正直，读书方能见实效，做官一定是好官；反之，若心术不正，读书既无成效，做官也一定是愚官，最终要招杀身之祸。

四　生员不可以为伸手要官做而结党营私，倘若德才兼备，自然会受到朝廷重用。

五　生员不可以擅自出入官府、法庭。

六　生员学习时应谦虚，不耻下问。

七　国家大事不许上书陈言，否则以违制论，黜革治罪。

八　不许生员建立民间组织，所写文字不能随意摹印，否则治罪。

俗人克敬仔细揣摸学规碑的禁例，深以为许多条款是不错的，如要求学生做一切有利于国家和人民的事，出仕后要做一名好官，学习要不耻下问等，至今仍不失其积极的、进步的一面。

俗人克敬不敢武断地说，学规碑积极进步的那一面，对苏州的文化教育起到怎样巨大的作用，总之，由唐迄清，苏州共出了1599名进士。进士在古代是一种最高的仕途“学历”，而进士的第一名——状元就更加荣耀了。明清时期，朝廷三年一大考，考一次出一个状元，仅苏州一地，明代考中了9个，清代考中了26个，比之更早的宋代还考中了8个，唐代考中了7个，加起不多不少50个，这是幅员广阔的中国大地上，绝无仅有的一幅壮美画卷。克敬粗粗浏览了一下50个状元的功名，仅仅苏州归氏一门，在唐代的7个状元中就占去了5个席位，分别为归仁绍、归仁泽、归黯、归佾和归系，真正的是“前无古人，后无来者”了。如此多的状元出在苏州一个地方，谁能说苏州的文化教育不是硕果累累，繁花娇艳呢！

与苏州的朋友闲扯，人家是满面的骄傲与自豪。俗人克敬对他们的骄傲和自豪是心服口服的，于是，就更感念北宋名臣范仲淹的深谋远虑了。范公于北宋景祐元年（1034年）知苏州府，为了发展教育事业，培养人才，即奏请朝廷以家乡苏州南园（他们范家的私宅）为基，设学立庙，兴办教育。后辈学人对范公的这一善举多有褒奖，郑元佑在他的专著《学门铭》中说：“天下郡学莫盛于宋，然其始亦于中吴，盖范文正以宅建学，延胡安定为师，文教自此兴焉。”冯桂芬对此评价更为高标，他说：“三代下学校之制，至范文正天章阁之议行而大备……迤逦至宋末二百年而学遍天下，吴学实得起先。”

范文正公仲淹在家乡兴学的垂范作用，其功绩用文字是无法述说的。俗人克敬就只有感叹了，感叹祖先用他们的大智慧，为我们后世儿孙做出了怎样伟大的贡献，而我们自己做得又怎么样呢？

细想想，我们会汗颜吗？

当然，俗人克敬不排除学规碑的禁例，同时存在着一些消极的、糟粕的东西。但我们总不能只睁着一双批判的眼睛，在祖先创造的文化遗产中肉里挑骨头。这样的行为，只能说不是我们太愚蠢，就是我们太无知。

俗人克敬以为，我们大有必要学习和吸取学规碑中积极的成分，以健全我们教育工作中非常稀缺的道德建设。有了这个基础，在进行教育工作时，无论对什么样的问题，如我们现在挂在嘴上的学习模式、课堂形式，以及更新观念、创造性思维、主体性问题、电脑与人脑的问题，相信都会好解决一些。正如何清涟先生在他的《现代化的陷阱》一书中说的那样："转型期的中国，比以往任何时候更需要人文精神。没有根植于人文精神这块沃土之上的人类关怀，人只能沦为纯粹的经济动物，丧失人所应该具有的一切生存意蕴。"

我们绝不能把人教育成一个一个的经济动物，而应教育成一个一个有道德的经济巨人。这是俗人克敬最后所希望的，当然也是一切有责任心的人所希望的，我们没有理由不希望。

2004年3月2日　西安后村

水则碑：天人较量的刻度

黄河水患，对历朝统治者都是一道难题。自周定王五年（公元前602年）有文字记载以来，到1938年民国时花园口决堤的2500年历史中，黄河下游决口泛滥的年份达543年，决堤1590次，经历了5次大改道，洪灾纵横波及了25万平方公里的中原土地。

中国先民在与水的斗争中，早已摸索出了许多非常实际的经验。从远古的大禹始，到宋代时，水文科学已经十分发达，在江南、四川等地出现了专门记录洪水涨落对农田影响规律的石碑，名曰“水则碑”（也有叫“水文题刻”的）。宋代水则碑运用最为广泛，克敬在苏州碑刻博物馆见到的那块水则碑，虽只是清朝光绪二年（1876年）江苏巡抚吴固始依据拓片复刻的，而拓片的原始碑石即为宋徽宗宣和二年（1120年）所立。与这块水则碑一起并立的还有另一块，当时立于今吴江市垂虹桥两侧，立于桥左的为“左碑”，立于桥右的称“右碑”。克敬不是考据学家，不知道现存苏州碑刻博物馆这块水则碑，是原来的左碑呢？还是右碑？其实左碑也罢，右碑也罢，似乎不很重要了，有这其中的一块即已很能说明问题了。

水则碑保存得基本完好，俗人克敬在碑阳看到的文字如下：

六则

水在此稍高田淹

五则

水在此上中田淹

四则

水在此下田淹

三则

水在此稍低田淹

二则

水在此低田淹

一则

水在此高低田俱无恙

碑阴也刻了字，所说都是对水则碑的起源和几兴几废的说明，同样不是俗人克敬的文章所要讨论的，也就免了照录的麻烦。只说碑阳的文字和刻划，所最关心的只有洪水涨涝时对农田的影响。

认真地阅读水则碑上的文字和水位刻划，俗人克敬特别地为我们的祖先而感动了。我们的祖先对农田的感情是太深厚了，一切的措施，都是为了保护农田。可是我们呢？我们让祖先担忧了，这才有了水则碑，那是对后人的一种提醒，一种规范，后人是应该懂得祖先的这一番良苦用心的。

2004年3月15日　西安后村

去思碑：是非功过任评说

文艺路（西安市的一条街名）的旧书摊上，有一本残缺得没了封皮、没有了封底的旧书，被人扔来扔去，书页也如残秋的落叶，卷曲着，散散乱乱的样子。俗人克敬也未留意这本旧书，弯着腰去捡另一本旧书时，有股小风吹来，掀翻了那本残缺旧书的纸页，其中“去思碑”三个字，虽然小的可怜，却像三颗埋在沙土里的珍珠，跳进了俗人克敬的眼睛。

对民间散碑颇多兴趣的克敬，自然不会错过这个机会，伸出的手改变了方向，把那本十分残缺的旧书捡起来，翻到去思碑的那一页，匆匆地看了几行，便掏了钱，与书摊的老板成了交。

去思碑为北京郊区的通州民众，在1862年为卸任通州知府的萧履中大人树立的。俗人克敬查阅资料，发现2002年出版的《民国通县志稿》的说明中，有一段评价性的话语：“书中的知州萧履中，为求一方苟安，置国家民族于不顾，向敌妥协以物资资敌，实为卖国之举。”

如此评价萧履中，俗人克敬一点都不奇怪，这太符合咱们中国一部分人的思维逻辑了，而这部分人还经常地代表一种主流意识。俗人克敬不敢瞎卖弄，只有搬书求证了。书写司马迁人格魅力的《报任安书》一文，想必读书人都看过，看过了都会对史圣伟大的情怀所感动。

俗人克敬不只是读过《报任安书》，而是手不释卷地读了好几遍。任安是司马迁的好朋友，《报任安书》是司马迁写给好朋友任安的一封信。写信之时，时任益州刺史、北军使者护军的任安，因太子刘据遭到诬陷，起兵讨伐失败的连累，被汉武帝下诏逮捕入狱，司马迁担忧着好朋友的命运，内心不免痛苦和愤懑，又联想到自己的不幸遭遇，提笔三千言，把自己的苦闷心情和艰难境地抒发得淋漓尽致，令人读来不禁喟然生叹。然而司马迁的精神是坚强的，心态是乐观的，面对朋友的生死莫测，自己的“身败名裂”，在痛苦中发出了一声撕天裂地的大喊，“人固有一死，死或重于泰山，或轻于鸿毛，用之所异趣也”！这就是司马迁，对于死，他有如此高标的认识，因此他不惧死。不惧死也才敢说实话，说真话，在满朝文武一味附和汉武帝的意志、口诛笔伐抵抗匈奴兵败受降的名将李陵时，他站出来唱反调了。

司马迁为李陵申辩，并不是他与李陵有什么私情，而完全是一种正义的感召。李陵受命率兵随李广利迎击匈奴，因为主帅李广利指挥失误，导致李陵孤军奋战，一直打到匈奴的王廷，不足5000人的步兵队伍，与超过5万人的匈奴骑兵激战十几天，直打得粮

去思碑

草断绝，援兵不及，硬拼下去，只能是全军覆灭。为保全实力徐图后计，李陵万般无奈，这才受降当了俘虏。这有什么错呢？如果有错，也是主帅李广利的错呀！司马迁就是这么认为的。这是司马迁的伟大，他不从俗流，仗义执言，指出李陵是一个有节操的人，他敢赴国难，英勇杀敌，屡立战功。李陵没有错，错的是主帅李广利。

正直敢言的司马迁只有一张嘴。一张嘴发出的声音太小，抵不住朝堂上群臣的聒噪，只会安享富贵的朝臣们，都知道李广利的妹妹是汉武帝的宠姬，有错也不能说，而且他们大都发自本性地认为降敌的李陵错了，一个个振振有词，慷慨激昂，哪儿容得了司马迁的申辩。好了，你司马迁为降敌的李陵申辩，那你也错，而且是错上加错，汉武帝诏令下来，当下便把司马迁锁了起来，投进了禁中大狱。对此，司马迁自然有满腹怨言，在《报任安书》中，有一段话，表达得十分明白："……为李陵游说，遂下于理，拳拳之忠，终不能自列……家贫，货略不足自赎……左右亲近，不为一言……悲夫!悲夫!"

确实是可悲呀！司马迁如果有钱，事情也不至于那么不可收拾，问题是他在朝做了20年的官，却没有攒下几个银子，所以他就只能在汉武帝给他开的三个条件"出钱赎罪，上吊自决，腐刑去势……"中，选了一个他最不能接受的腐刑，忍辱去势，苟且地活着，完成了他的历史巨著《史记》的写作，为世人留下了一笔珍贵的文化遗产。然而这一切都是在司马迁有罪的基础上实现的。这使俗人克敬焉能不伤心，伤心在那种青红不分、皂白不辨的群体意识面前，降敌的李陵有罪！为李陵开脱的司马迁也有罪！

有什么办法呢？司马迁没有，俗人克敬更没有。但公正的历史有，历史为直言敢谏的司马迁翻了案，这是司马迁不幸中的大幸。然而通州府的萧履中大人，其在天之灵还有待历史的翻案。克敬大为怀疑，功名成就远逊于司马迁的萧履中大人，很难得到那个历史的翻案了。

克敬把从旧书摊淘来的那本残书认真翻了一遍，欣喜通州民众的是非观念，还不是那么糊涂，也不论志书怎么贬损责罪萧履中，而是从切身的体会，为萧履中的无奈说了不少的公道话。

书中的观点是，萧履中为通州唯一的名宦，咸丰九年（1859年）由昌黎县臣升为通州知府，任内“持己以廉洁，任事以敏，凡利民善政不可枚举”。特别是在1860年的夏天，英法联军进逼京城，通州为战祸要冲，眼看着黎民百姓将要遭战乱祸害，萧履中夜不能寐，想着与民一起抗争，自己即使血染沙场也能为后世儿孙留个好名声。萧履中不是怕死之人，但他不能拉着老百姓的性命陪着自己一起死。萧履中犯难了，而从京城传来的消息是，皇帝丢下北京，在一帮朝臣家眷的簇拥下，跑到承德避难去了；还有其他一些消息，也都十分地不妙，先是直隶总督谭廷襄，在天津的大沽口畏敌逃跑，科尔沁亲王僧格林沁带兵在通州的张家湾、八里桥一败再败，留在北京的恭亲王奕䜣去了敌军营房，开始了议和谈判，而洋人还不领情，大军杀进北京城，一把火烧了圆明园……萧履中真是万般无奈，痛下决心，于自己的名节而不顾，整衣戴冠，出了通州城，与洋人达成了一个协议，即洋人的军队不准入通州城，而洋人的所需羊牛米面菜蔬柴草　应生活用品，由通州供应，按物计价。为此在洋人驻地的八里桥设立了一条生意街，“从此相安无事，几至一年，通州城乡数十万生灵无一伤亡者”。同治元年（1862年），萧履中调任檀州，通州百姓念及他的仁爱事功，相约道旁，为萧履中送行，其中有人倡议，大家都踊跃参与，在通州府衙门首，树立起一通“去思碑”，告谕后人，莫忘他的德政。

俗人克敬特别想去通州，拜识那通“去思碑”，去信打问，始知“去思碑”早已毁弃，不知去向，克敬便只能心存遗憾。想来与克敬一样心存遗憾的人肯定还有，但大家也只有永远地遗憾下去了，遗憾无法见识“去思碑”，遗憾萧履中“去”职后，通州的百姓是以怎样的言语“思念”“资敌卖国”的萧大人的。

事有凑巧，与萧履中知通州府事相隔40年，即1900年，在英法联军的鼓动下，西方八国纠结在一起，又一次打进积贫积弱的中国，陷天津、越京都，势如狂潮，通州府再次首当其冲。这时的知州大人叫孙寿臣，他倒是没有萧履中那样的“苟且卖国之举”，而是在通州城破之前，携眷裹财，早先逃得没了踪影。这可惨了城中百姓，“十八日城破，男女老少或枪杀，或自尽，或恐悸病故，或惊避溺殁，死伤无算。洋兵占据一年之久，四乡同受蹂躏，伤亡颇多”。最后的统计结果是，通州城庚子殉难者1178人，其中遇害者约占六成，多为抵抗而死，自尽者占四成，多为投水、自缢、仰药、绝食。最为使人惊心动魄的有两例，一为毛焕枢一家31口，见洋兵至，为不受异族羞辱，举火身焚，全家殉难；一为城中女子，闻洋兵破城，恐受奸淫，竟有29姐妹，同投一眼大井之中。

这个对比太鲜明了。

俗人克敬猜想，通州百姓不傻，在萧履中和孙寿臣之间，自会作出判断。萧履中大难临头，想的是一方百姓的平安，屈尊与洋人议和，看似有失民族的尊严和气节，但在当时的情况下，实为无奈之举。而孙寿臣完全是一个小人，虽说他没卖国，但却卖民，弃城顾自逃命，实属流氓无赖之徒。

这么一比较，俗人克敬心里亮堂起来了，通州百姓自发为萧履中树立“去思碑”，思念的正是他不避骂名，敢为地方平安负责的精神。

通州百姓的这一理性思念，俗人克敬由不得大为感动，想象我们五千年文明的中华民族，是太需要这样的理性了，理性地思考一切问题，理性地对待一切问题，这将是我们民族不断走向成熟的必然选择。

不是俗人克敬要为西方文化张目，克敬没那个胆儿，只记得一位受人敬爱的已故政治家说过一句话：一切先进的世界文化遗产，不只是西方的专利。这就是说，我们有向西方先进文化遗产学习的必要。我们现在进行的改革开放，不正是敞开胸怀，在向西方学习吗？这么说，克敬有了一点儿胆气，敢在笔尖上说说西方文化中的一些好话了。

西方的社会意识中，一个人（不论你是一介草民，还是贵为一国总统）可以当俘虏，但绝不能当逃兵。在这一点上他们表现得既理性又十分的固执。

克敬每日读报，知晓在美国大选年的现在，民主党的总统候选人克里，攻击现任的社会党总统布什在越战中当了逃兵。这是一个价值取向的问题，一个服兵役的人，可以战败当俘虏，但不能临阵当逃兵。于是乎，美国的媒体群体而起，美国民众也舆论日盛，坚决要求查明真相，如果布什真的当过逃兵，他的总统连任注定会泡汤。

当俘虏就另当别论了，谁乐意在战斗中当俘虏呢？是当俘虏好玩吧？是当俘虏享福吗？绝对不会的，有一丁点儿的可能，谁都不会愿意在战争中当了敌对方的俘虏。当俘虏，都是最后的无奈之举，当俘虏没有错，更没有罪。事实也放在那里，西方人的意识里，不存在那个观念，不像我们中国，从古到今，当了俘虏的人，别人不怎么说你，自己先矮了半头，自己先不敢说话，是他们的基本面貌，他们大都会屈辱的了此一生。最惨的当然还得算汉武帝时的李陵将军了，他的一个俘虏当的有家不能回，有国不能报，还连累了司马迁先生，为他说了两句话，竟也被治了罪。

西方世界就不一样了，当了俘虏的人，别人不会歧视你，自己更不会歧视自己，弄得好，国家的总统、总理照样选，照样当。欧洲的英、法两国，就有两位当过敌方俘虏的人，后来成为国家首脑的，一个是英国首相丘吉尔，一个是法国总统密特朗。丘吉尔在民族存亡的关键时期，英国人民选举他担负起国家安危的重任，带领全国人民同法西斯侵略者进行顽强的战斗，使他成为民族的大英雄。密特朗在1981年法国首次普选总统时，成功地登上了总统的高位，最后他连选连任，为法兰西民族的进步和发展，呕心沥血，鞠躬尽瘁，建立了卓越的功勋，不仅得到他们国家人民的爱戴，还得到了全世界各国爱好正义与和平的人民的尊敬。他死后，法国的巴黎市政府，在市民群众的竭力支持下，把塞纳河沿岸的一条大街以密特朗姓氏命名。

俗人克敬的声音非常弱，而再弱也是一种声音，克敬微弱的声音是要为李陵叫屈的，为与李陵一样当过俘虏而受到歧视和迫害的同胞叫屈的，同样也要为司马迁叫屈，为萧履中叫屈。俗人克敬知道已有很多的识家已为克敬所叫屈的人和事叫过屈了，克敬愿把自己的声音加进去，你也叫，他也叫，叫的人多了，声音就会洪亮起来，成为另一个主流声音，这个声音呼唤的是我们国人的理性和智性，当我们面对所有的问题时，都能保有一个理性的观念和智性的思考。

2004年4月2日　西安后村

先生碑：铁骨不负心头血

什么是先生？什么是后生？俗人克敬没有更权威的了解，也没有更深刻的认识，仅以自己浅陋的理解，即：先生是大学大德，大本大宗，大彻大悟，大慈大悲的人，也就是识浅见小，混沌待醒的后生们需要虚心求教，认真学习的人。

拖着一根干瘦花白辫子的王国维，是否可算这样的一位先生？1999年5月2日（农历）的傍晚，克敬伫立在颐和园的排云殿西鱼藻轩前，眼看着微波荡漾的昆明湖水，心头感到一种莫名的矛盾。克敬读了赵万里编修的《王静安先生年谱》，得知王国维（字静安）在1927年的这一日，为了他脑后的那根辫子，在这里完成了他自己的一个悲哀的水葬。

克敬不晓得王国维投身昆明湖的那年那月那日，北京城可否笼罩在沙尘暴中？总之，克敬追寻着他的足迹，站在他殉死的昆明湖边时，正有一股强大的沙尘暴，起于内蒙古的沙漠上，越过了巍峨古老的长城，遮盖了日新月异的现代化的北京城，街上的行人，不是罩着纱巾，就是弓着腰，低着头，全然一副与沙尘暴抵抗的模样，颐和园很少游人，好像就只有外省的克敬一人，为王国维的亡魂做着沉痛的凭吊。克敬张开嘴，想着是要感叹一声的，却倏忽灌进了一嘴的沙尘，克敬的感叹便被无情地堵在喉咙里了。

来昆明湖的西鱼藻轩之前，克敬已到王国维西山的福田墓地去过了，还到清华校园工学厅以南的土山脚下，访问了王国维先生的纪念碑。说实在话，克敬听多了对于王国维大不恭大不敬的话，但克敬是不会为舆论所左右的，克敬有自己的意见，也可能是顽固的，不合时宜的，但克敬难改自己的见解。克敬坚持认为，王国维堪称一位真正意义的先生。特别是在面对先生的纪念碑时，克敬对先生的敬仰之情更加深刻、更加坚定了。

先生治学严谨，研究的领域既广泛又精深。

先生在史学研究方面，独辟蹊径，运用甲骨文治商周史，这在学术界是件前无古人的创举。先生注意用新材料、新方法解决新问题，综合比勘，将甲骨资料与其他史料相互参证，在历史地理、古代祀典、制度、古文字辨析、甲骨断代、甲骨缀合研究诸方面，均有大创获。由此而创立起来的“二重证据法”，已成为后人疏通证明历史的法宝，闪耀着灿烂的科学光芒。

先生不仅是我国应用甲骨文、金文研究和解释中国古代历史的创始者，而且还以“熟于西汉史事”著称，并在唐文化研究方面颇多贡献。韦庄的《秦妇吟》是我国诗歌史上一首现实主义的叙事长诗，因讳曾长期不传于世，先生依据《北梦琐言》及其残本互勘，使这首韵文长诗焕发出青春的力量，重新得以传诵。

先生还在匈奴史、蒙古族史和元史的研究上，做出了划时代的贡献。他研究匈奴史，从古器物和古文字着手，第一个就匈奴的族属问题提出了自己的看法，指出殷代的鬼方是匈奴的族祖。他研究蒙古族史和元史，不局限于前人有关元史的束缚，认为蒙古族的崛起，与契丹、女真的兴衰有着不可分割的关系，以此而发端，先生撰写了大量的论文，并编辑蒙元史料多种，在学术界影响深远，成为后人借鉴的宝贵文献。

先生研究历史，也研究哲学，还研究文学。他早期受西方哲学思想的影响，认为康德、叔本华的哲学“可爱者不可信”，是“伟大之形而上学，高严之伦理学，纯粹之美学”。这是先生研究哲学的一个基本观点，即尊重思辨哲学的探索性，又尊重实证哲学的科学性，以此为利器，对概念世界进行反思，而求得哲学的高度总结。先生原本就是一位诗人，他酷爱文学，把研究哲学与文学相提并论。如他所说：“生百政治家不如生一文学家。”在我国近代文学史上，先生绝对的是一个重量级的人物，他在一段时期，集中精力，一口气向国人介绍了荷马、但丁、莎士比亚、拜伦、斯蒂文森、歌德、席勒、黑格尔、托尔斯泰等一大批外国文学巨匠。他研究中国文学，写了著名的《人间词话》，其所倡导的“意境学”，概括了文学的全部内涵和外延，是一个绝顶的文学理论总结。先生说：“文学之事，其内足以摅己而外足以感人者，意与境二者而已。上焉者意与境浑，其次或以境胜，或以意胜。苟缺其一，不足以言文学。”先生身体力行地实践着他的文学主张，创作诗词无数，仅一本《人间词话》就收录了115首。读先生的诗词，如品甘露，思深敏锐，深邃隽永，彰显了先生睿智敏感的诗性的灵光。如先生的《杂感》诗，状写了人在天地间苦于受到拘束，要求仙人的超脱而无法达到：云岂无心，还是出岫；川弯不竟，还是争流。诗歌充盈着浪漫主义的理想企求。再如《出门》诗，写欢乐的时间过得总是太快，百年易尽；愁苦的时间又过得特别慢，一夜也难过，两者亦幻亦真，满含着主观时间的虚幻感和客观时间的真实感，读来让人不忍释卷，多所思索启迪和感悟。

先生作为一代大学者，不是俗人克敬所能全面认识的。克敬知道先生还特别关注中国教育的发展，并做了大量有益的工作。19世纪末20世纪初，他站在维新学派和西方学说的立场上，提出了一些资产阶级的教育观点，反映了当时中国一批先进知识分子倡导引进西方思想，通过改革教育来振兴中华的热望。克敬还知道先生也注重图书馆学、版本学、目录学的研究，同样取得了不凡的成果。现在，克敬迎着沙尘暴的袭击，站在先生的纪念碑前，只有为他的巨大成就而感动着。

克敬阅读着由先生的受业弟子、著名金文研究专家戴家祥撰写的碑记，思想着先生以一介布衣出身，是怎样地成为一代学识博深的宗师的。他不该在他生命50岁的时候，为了保留头上的辫子而投湖自尽呀！

克敬观察舆论，对先生的认识和评价，自他投湖之日起，俨然成了一道分水岭。

克敬一步一回头地告别了先生的纪念碑，搭车匆匆地来到颐和园先生投湖的西鱼藻轩。外省人的克敬，难得京城人的从容，好不容易来到北京，好不容易赶在了先生投湖的日子，怎能不抓紧时间与敬爱的王国维先生做一次心灵的交流。

沙尘暴阻挡不了克敬的热情。

沙尘暴吹皱了昆明湖，把昆明湖污染得一片浑浊。

克敬临湖而立，不晓得自己站的地方，可是先生自尽时留在人世上的最后两只脚印处。克敬的心头，翻卷的是先生向昆明湖走来时的情景。赵万里编撰的先生年谱把这一过程描绘得非常写实，像是扛着一架现代化的摄像机，跟着先生走过了那一过程：“五月初二夜，阅试卷毕，草遗书怀之。是夜熟眠如常。翌晨盥洗饮食，赴研究院视事亦如常。忽于友人处假银饼五枚，独行出校门，雇车至颐和园。步行至排云殿西鱼藻轩前，临流独立，尽纸烟一支，园丁曾见之。忽闻有落水声。争往援起，不及二分钟已气绝矣，时正已正也。”先生就这样决绝地走了，走得义无反顾，走得气宇轩昂，却也走出了许多的骂名。

先生为什么非得在颐和园的排云殿西鱼藻轩投湖呢？偌大北京城，有许多湖泊，他却舍近求远来到颐和园，来到排云殿西鱼藻轩，这能说不是他的别有用心？先生为人做事，都有很强的目的性，他所以精心选择颐和园的昆明湖，是因为这里曾是慈禧太后龙舟戏水的地方，他拖着飘摇的大辫子投身其中，是把昆明湖当做了没落帝国的一个影子。有学者就曾据此联想：颐和园是清朝八代皇帝的夏宫。昆明湖东岸的耶律楚材和苏氏夫妇的合葬墓，就是他写的《耶律文正年谱》的主人公，而苏氏又为苏轼的后裔……先生曾多次来颐和园散步、游览，他喜爱这里的碧水青山，也曾以高度的抒情韵味，写诗盛赞这里的美景：

西直门西柳色青，玉泉山下水流清。
新赐山名呼万寿，旧流河水号昆明。
昆明万寿佳山水，中间宫殿排云起。
拂水回廊千步深，冠山杰阁三层峙。
……

做过逊帝溥仪南书房行走的王国维先生，精心设计在这里死，绝不是为了和这里的山水殿阁、湖光廊轩告别的，虽然先生是那样地钟情万寿山的雄伟耸峙，昆明湖的俊秀妩媚。先生的目的非常明确，他就是来为末世的帝国殉葬的，在此之前，先生在紫禁城里为清之废帝做陪读期间，就有了投御河自溺的设想，幸被家人发现劝阻住了。

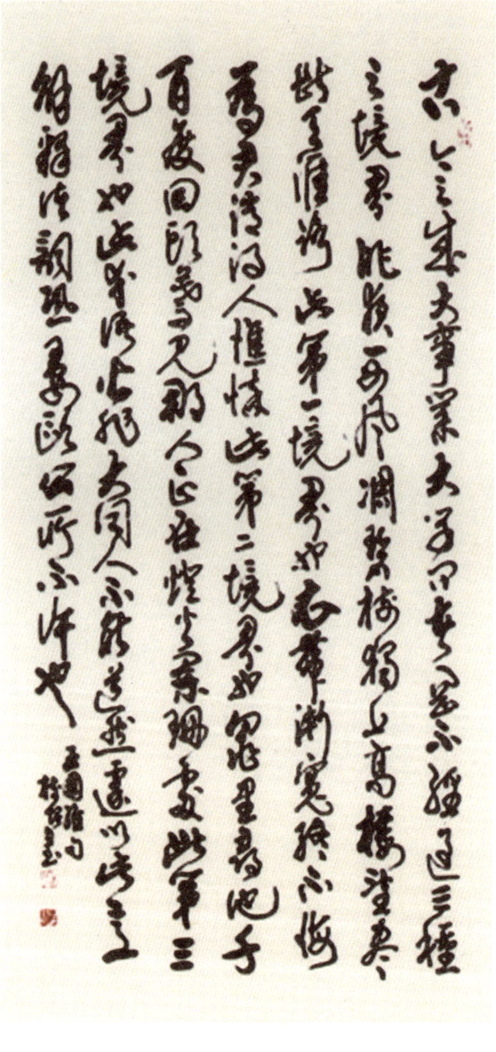

王国维书法

俗人克敬感慨先生死的意志是那样的坚决。这不奇怪，想死的人，终究是阻拦不住的，尤其对于死施加了一种坚定的目的，其愿望就更加不可逆转，别人挡不住他，他自己也挡不住自己了。先生把他的死当做了一个特殊的手段，为传统文化的衰败及封建王朝的倾覆而抗争。先生的抗争没有一点意义，相隔了15年之后，大清帝国又死了一次。这次的死，不仅有它的体制，还有它的精神，如此的死去，连再有的苟延残喘都彻底地失去了。

克敬阅读过先生以父亲的名义写给儿女们的遗书，那份遗书到死都揣在先生的怀里。克敬想象园丁们把先生从昆明湖水中打捞出来时，那份遗书一定也被水打湿了，湿漉漉的一纸遗书，满含着一个父亲的无可奈何和拳拳爱心："五十三年，只欠一死，经此世变，义无再辱。我死后当草草棺殓，即行藁葬于清华茔地，汝等不能南归，亦可暂于城内居住。汝兄不于奔丧，因道路不通渠又不曾出门故也。书籍可托陈、吴先生处理。家人自有人料理，必不致不能南归。我虽无财产分文遗汝等，然苟谨慎勤俭，亦必不至饿死也。五月初二日父字。"

读着这样的遗书，谁能不潸然落泪。俗人克敬在沙尘暴肆虐的今日今时，回想着先生留给他的子女的遗书，不禁两眼泪涌。克敬仔细揣摩着遗书中骨肉情伤的悲痛，却还品味出另一番滋味来。那便是先生的遗书，不只是写给了他的子女，还写给了他自己，起首两句的“经此世变，义无再辱”，难道不是对自己的高声辩护吗！

死是要有理由的，特别像他王国维，自绝性命没个理由怎么成。他的理由就是这么现成，这么明达。正如他自沉昆明湖的那天写给溥仪的奏折中的词语一样：“臣王国维跪奏，为报国有心，回天无力，敬陈将死之言，仰祈圣鉴事。窃臣猥以凡劣，遇蒙圣恩。经甲子奇变，不能建一谋，画一策，以纾皇上之忧危，虚生至今，可耻可丑！迩者赤化将成，神州荒翳。当苍生倒悬之日，正拨扰反正之机。而自揣才力庸愚，断不能有所匡佐。而二十年来，士气消沉，历史事变，竟无一死之人，臣所深痛，一洒此耻，此则臣之所能，谨于本日自湛清池。优愿我皇上日思辛亥、丁巳、甲子之耻，潜心圣学，力戒晏安……清奋乾断，去危即安，并愿行在诸臣，宋明南渡为殷鉴。波彼此之见，弃小嫌而尊大义，一德同心，以拱宸极，则臣虽死之日，犹生之年。迫切上陈，伏乞圣鉴，谨奏。”这便是先生走上不归路的理由了，他向废帝辞行，效法的可是诸葛亮行状，来一篇呕心沥血、掏心挖肺的“出师表”，以表达自己的高洁志向，然后以一己的死，昭示大清虽然没落，犹有为其鞠躬尽瘁的敢死者。

这是许多评家所诟病的。克敬亦不能苟同，遗憾明智如先生者，为所敢于牺牲的，一是选错了对象，二是选错了时机。

先生为所大义赴死的清廷，腐败堕落，穷途末路，已使中华民族蒙受了太多太多的苦难，太多太多的耻辱，是一块扶不起的软豆腐。中华民族要变革强国，业已是广大仁人志士所觉悟奋斗的。在这样的一个历史潮流面前，先生显然成了一个极端的落伍者，他采取更极端的方式殉命于风雨飘摇的清政府，除了一点感恩戴德的迂腐行动外，说不出还有别的什么价值？俗人克敬不想把话说得太白，但骨鲠在喉，又不能不说，说错了还望先生谅解。他该不是欲望做个屈原、荆轲式的烈士，成就他一个明知无能为而为之的烈士情怀！

先生这么想就错了。

这是聪明人常犯的一个聪明的错误，尤其是先生那样有大学问大智慧的聪明人。

克敬无意为先生辩护，自知还缺少那个能力。因为克敬知道有不少的学问大家，已为先生的死做了很多的辩护，这些学问大家有陈寅恪、吴宓，有梁漱溟、夏中义……俗人克敬的这篇短文无法把所有人的辩护语言都罗列出来，但由梁启超之子梁思成等设计，陈寅恪斟字酌句撰写的“海宁王静安先生纪念碑”上的碑文就能说明问题了：“海宁王先生自沉后两年，清华研究院同人咸怀思不能自已。其弟子受先生之陶冶煦育者有年，尤思有以永其念。愈曰，宜铭之贞珉以昭示于无竟。因以刻石之词命寅恪，数辞不获已，谨举先生之志事以普告天下后世。其词曰：士之读书治学，盖将以脱心志于俗谛之桎梏，真理因得以发扬；思想而不自由，毋宁死耳。斯古今仁圣所同殉之情义，夫岂庸鄙之敢望？先生以一生见其独立自由之意志，非所论于一人之恩怨，一姓之兴亡，呜呼！树兹石于讲舍，系哀思而不忘。表哲人之奇节，诉真宰之茫茫，来世不可知者也。先生之著述或有时而不章，先生之学说或有时而可商，唯此独立之精神，自由之思想，历年万纪与天壤而同久，共三光而永光。”

俗人克敬理解碑文的意思，先生的死并非殉清，而是殉文化。辩护者大多都依循着这一观点，然克敬总觉得有点欲盖弥彰，把先生的死看得太过繁杂、太过隆重了。给溥仪最后的那一份奏折，白纸黑字，写得太明白不过了。因之，俗人克敬坚持认为：先生的死是消极的，带着强烈的复古主义的腐臭气味。

但是这并不影响先生在克敬心目中的高度，并不影响克敬对先生人格和学问的敬仰。首先因为他不是一个政治家，更不是一个权谋者，他死了，死了的只是自己的生命。他没有伤害别人，更不会去伤害别人。如果硬要与伤害两个字挂钩，也只能说他伤害的只是自己和自己的家人。而他绝对的是一位大学问家，虽然他蓄着一条长长的辫子，那又怎么样呢？在中国文化的长河里，先生是不死的，将永远有先生智慧之光的闪烁。

刮了一天的沙尘暴，在傍晚时分明显地弱了下去。俗人克敬昂望天空，依然是混混沌沌的一片灰黄。克敬蓦然生出一个幻想，幻想先生因为思虑过重，忧愁过深而煎熬得已然干瘦花白了的辫子，透过灰黄的天际，响亮地甩下来，正好打在克敬的身上……俗人克敬会躲开辫子的抽打吗？不会的，克敬会自觉接受那根辫子的抽打，因为那是先生的辫子，克敬会把先生辫子的抽打当成一种抚摸，纯粹精神文化的抚摸。

2004年4月3日　西安太阳庙

格言碑：泉冷峰飞落花天

杭州西湖的灵隐冷泉亭上，原来悬有一联：“泉自几时冷起，峰从何处飞来？”一日，清末著名学者俞樾偕夫人游灵隐，小坐亭上，共读此联。夫人觉得联句问得有趣，请教她的夫君俞樾，俄而，夫君俞樾答曰：“泉自有时冷起，峰从无处飞来。”夫人笑了，眼瞅着夫君俞樾，不无揶揄地又把俞樾的联句改了一改：“泉自冷时冷起，峰从飞处飞来。”语毕，夫妻相与大笑。

俞樾夫妻改联的韵事至此还未结束，数日后，次女也到灵隐游玩。显然地，乃父乃母为冷泉亭改联的事儿她已知晓，拉着父母再次小坐冷泉亭，自告奋勇地又把那副对联改了一改：“泉自禹时冷起，峰自项处飞来。”俞樾对次女的才识甚为惊异，但又不知“项”字何指？讨教他的爱女，爱女解释道：“不是项羽将此山拔起，安得飞来？”为爱女智慧的回答，俞樾更是心花怒放，连声称妙。

来苏州之前，俗人克敬在杭州的朋友处，听到俞樾的这一韵事，仅只是笑了笑，全没往心里去。克敬听多了文化人物的故事，除了一点附庸风雅的小趣味，让世俗社会多一点嚼舌的谈资外，是当不得多少真的。

但是，当俗人克敬从杭州来到苏州，在苏州的碑刻博物馆，阅读了镶嵌在碑廊上的一块俞樾的格言碑，那种轻薄俞樾韵事的心态，当下严肃了起来，甚而感到了一种品格上的神圣。

俞樾隶书在碑上的格言是：

惜食惜衣，不但惜财，尤惜福。

求名求利，只须求己，莫求人。

与俞樾格言碑一起镶嵌碑廊的，还有几块格言碑。一为北宋杰出的政治家司马光手书的“思无邪·公生明”碑，一为南宋状元张孝祥书写的“戒人不为善，劝人为善”碑，以及宋代大儒朱熹的“不愧兄弟，不愧妻子，君子所以，宜家不负，天子不负，生民不负，所学君子，所以同世”碑，俗人克敬尤为喜欢俞樾的格言碑，觉得不仅书体浓重老辣为隶书之精品，更以为所作格言，反映他的思想情趣和做人的准则，对上不卑不亢，对下谦让温和，是中国士大夫的典型形象。

浙江德清才子俞樾，正是因为他高洁的品性，深为时人所称道。曾国藩应该是发现和赏识他的第一人，当年俞樾在紫禁城的保和殿参加翰林考试，试卷的诗题为“淡烟疏雨落花天”，俞樾依题作诗，首句为“落花春长在”，担任阅卷官的曾国藩，代表朝廷选拔人才，一份又一份誊写公正的试卷，从曾国藩的眼皮底下滑过，虽然也有一些警词佳句，曾国藩看了，也会捋髯浅笑一下，可当他审阅着俞樾的卷子时，起头一句即令他情绪大为振奋，阅到后来，“花落春仍在，天时尚艳阳”的两句诗，让曾国藩读得出了声，他不由得击节赞赏了。因之，30岁的俞樾高中道光朝进士，进而受到咸丰帝的召见，选任翰林院编修。不久，又被补放河南省学政。按说，聪明的俞樾，只要不太冒尖，循规蹈矩，谨慎行政，搞好左右关系，他就一定有得官授，有得福享。可他偏偏不会这一套，如果他学会了这一套，他也就不是俞樾了。因此有人就很看不惯他，甚而忌恨上他了，鸡蛋里挑骨头，把他为河南地方学子出的一道试题，拿到放大镜下分析，这就找出问题来了，说他的“命题割裂经义”，一纸奏本送到皇帝的御案上，他便被弹劾回籍了。

忠心效命朝廷的俞樾，到这时才恍然大醒，可他也无籍可回了。哪儿是他的家呢？走投无路的俞樾，幸有友人帮忙，在苏州购得马医科巷西大学士潘世恩的故宅废地，亲自规划，构屋30余楹，作为起居、著述之处。

心有灵犀的俞樾老先生，发现他居属西北有隙地如曲尺形，即取老子“曲则全”的意思，为他的居处取了个至今盛名不衰的“曲园”。而这，何尝不是俞樾的内心写照，他在官场上走了一遭，感受到了官场的险恶和龌龊，弄得他几无栖身之地。好了，现在的他有屋可以栖身，有食可以果腹，有衣可以蔽体，他是满足的，生路和心路虽有曲折，但他从此安静下来，可以心无旁骛地做他的学问了。

俞樾天生就是为学问的，在他精心构建的曲园里，把学问做得大气磅礴，气贯长虹，成为晚清独树一帜的经学人家，四方学人，纷纷拜在他的门下。他自己更是乐于学问，乐于育才，30年授业于苏州的紫阳书院、杭州的诂经精舍、德清的清溪书院、菱湖的龙湖书院、上海的求志书院等，门徒成千累万，且多有大成就者。

俞樾老先生治学不以一脉为固，旁及诸多门类，如他在研究经学时，便又在诸子学、史学、训诂学中汲取养料，同时还涉猎戏曲、诗词、小说、书法等，真可谓博大精深矣。先生活了86岁，如他一样年年勤勉有成者，实不多见，几乎是每一年下来，都有“写定之书，刊行于世”，其所最著名的有《群经平论》、《诸子平议》、《古书疑义举例》等，尤以《古书疑义举例》出得最晚，写得最老辣，名誉也最盛，十卷本的大部头，把古书疑题义分类写成八十八条，用前无古人的科学方法，教人们如何认识古书。后学刘师培、杨树达、马叙伦等，依着俞樾老先生的路子，仿作补作，使先生“发古今未有之奇”的学说，得到了层楼更上的发展，其影响深莫大焉！广莫大焉！

俗人克敬见识了俞樾老先生的格言碑，从他22字的格言中，贪婪地品味着其中的深精大髓，感到从未有过的饥渴，越是品味得有所收获，饥渴感越是强烈。

从镶嵌着俞樾老先生格言碑的苏州碑刻博物馆出来，立即打车去了先生的曲园。这座被他曾孙俞平伯（著名红学家）捐赠归公的园子，在苏州众多古典园林中，虽然小了些，旧了些，却以其强烈的文化品格，招引了许多炽热的眼光。俗人克敬走在春在堂、乐知堂、认春轩，以及艮宧、达斋、曲水等精妙建筑的青色方砖地面上，发自内心地体验着俞樾老先生的人格品性。俗人克敬以为，先生是真真切切地履行了他刻在碑上的格言。

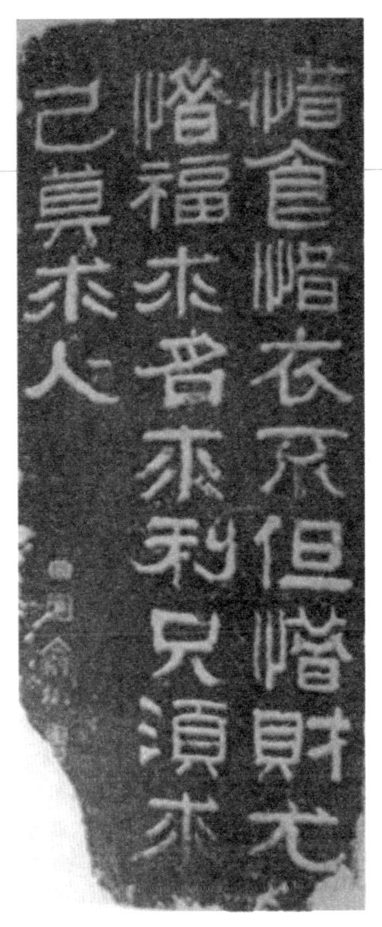

格言碑

俗人克敬见识多了那样一些人：格言嘴上挂，背后下脏手。这样的人是虚伪的，不可理喻的，俞樾老先生是烛照他们的一面镜子。

然而，堪为人镜的人，又常常是多难的，那怕你脱帽归隐，仅为一介书生，也很难幸免。俞樾的经历，为这一潜规则又做了一次证明。到他晚年的时候，他的心境已非常地平和了，正如他自己亲撰书刻乐知堂中的一副楹联那样：三多之外有三多多德多才多觉悟，四美之类标四美美名美寿美儿孙。前三多、前四美是什么，俗人克敬还不知底，但后三多、后四美，不正是俞樾老境的心态表露吗？是誉，是毁，对他一个明达的老人，都无所谓。偏偏地，是他的学生章太炎，写了一篇《谢本师》，要与老师俞樾决裂了。

接受了民族主义思想的章太炎，不能容忍一心治经的老师俞樾，对老师进行了言辞激烈地否定。不过，几十年后，周作人故伎重演，也发表了一篇《谢本师》，把他的老师章太炎也搞了个灰头土脸。然而，周作人的报应来的更快，事隔不久，他的学生又出来“谢”他了。

几出《谢本师》的连续剧，演来演去，并未伤及哪个人的脸面，反而使俞樾、章太炎、周作人名望更高更响。俗人克敬能说什么呢？无论一个人崇尚旧学，还是新学，都不是很要紧，要紧的是你必须有真学，在此基础上，大可以争辩吵闹，学生否定老师，学生成了老师，他的学生再否定他，否定复否定，真学问就出来了。

因为真的学问是不怕否定的，也根本否定不了。俗人克敬不是研究俞樾的专家，对他的学问难说一二，但克敬是相信一些人杰的论说的。

曾国藩对俞樾的认识特别自负：宏才不荐，徒居高位。

彭玉麟对俞樾的认识又特别溢美：其淡如菊，其洁如莲。

俗人克敬理解曾国藩和彭玉麟两位人杰对俞樾的认识，不仅是他深邃的真学，还有他高洁的人格。

2004年4月28日　西安太阳庙

梅花碑：壮怀激烈唯书生

不求甚解。这是谁的读书心得呢？俗人克敬很想这么说，但觉自己还没那个资格,也没那个条件，因为“读书而不求甚解”是一个很高的境界，克敬是不敢高攀的。正如克敬读《红楼梦》，不是刻意不求甚解，而是学知有限，认识有限，难求甚解罢了。但不排除克敬对《红楼梦》的崇拜和敬仰，寻觅于秀章丽句之间，便如饮琼浆食甘饴了。其中曹雪芹分“红字头”、“梅字头”、“花字头”的三首咏梅诗，更教俗人克敬击掌叫好。

坦白地说，这是克敬在苏州的狮子林面对文天祥的梅花碑时莫名其妙地从内心涌出的想法，同时还难以自禁地把曹雪芹的梅花诗（红字头）前四句默诵了一遍：

桃未芬菲杏未红，冲寒先已笑东风。
魂飞庾岭春难辨，霞隔罗浮梦未通。

当然了，刻在石碑上的文天祥梅花诗与曹雪芹的梅花诗是不一样的，感受不一样，情绪不一样，诗风更不一样，然而不一样中却有一样的地方，全都假借南雄庾岭的梅花，抒发自己的胸怀和兴趣。不过文天祥的咏梅诗比起曹雪芹的咏梅诗，更多一些大气磅礴和慷慨悲愤的气象，更少一些私心恩怨和闺房脂粉的味道。而这正是俗人克敬所更为敬仰推崇的。

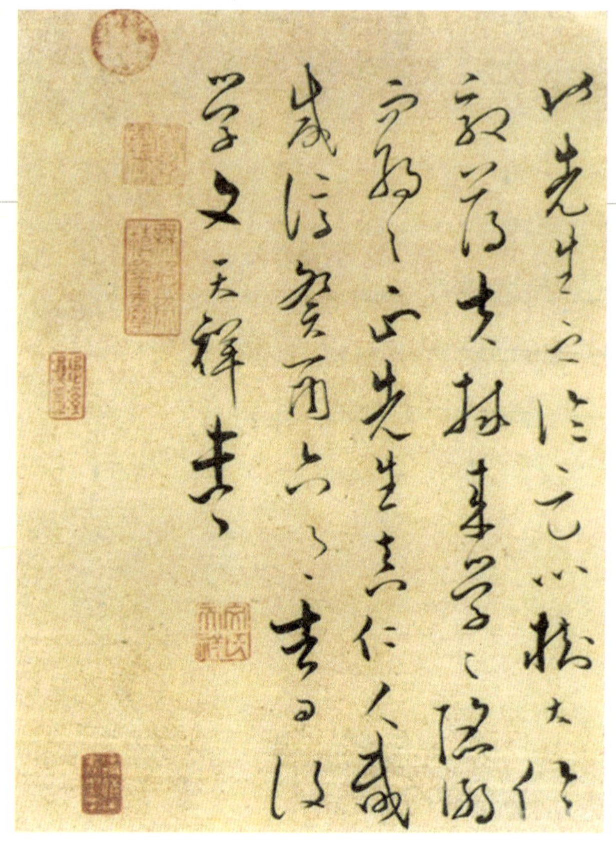

文天祥书法

21岁即高中进士第一名的文天祥，从他的老家江西吉水来到南宋朝的京都临安，满怀着一腔的热血，誓与蒙元帝国抗争，保卫社稷江山和黎民百姓，然时不我待，国运日衰，岂是文天祥一人能挽救。在蒙元大军兵临临安城下时，文天祥受命出使谈判，被无理扣押，受尽屈辱。后脱险南逃，起兵勤王，力图收复失地。但他壮志未酬，却又兵败被捕。1279年5月，蒙元铁骑押解着43岁的文天祥，取道广东梅岭，其时恰逢他的生日，心内百感交集，随口吟出如今勒刻在苏州狮子林的一首梅花诗。诗曰：

梅花南北路，风雨湿征衣。
山岭谁同出，归乡如不归。
山河千古在，城郭一时非。
饥死真吾志，梦中行采薇！

梅岭之于诗人文天祥，是熟悉而亲切的。他虽身在囚车之中，心却是自由的。5月的梅岭没有梅花，但凌霜傲雪的梅花，无时无刻不开放在文天祥的心头上。因此，烈日炎炎的5月，浮现在文天祥心中的梅岭，依然是遍山梅花，满天风雪。风雪中的梅花，就是他精忠报国的一片赤胆忠心。在无限悲愤中，文天祥绝食了，那种以死报国的决心，使得雄关为之震撼，岭梅为之敛容。

虽然官拜南宋小朝廷的右丞相，但文天祥终究还是一位诗人。而诗人的心是敏感的，敏感中透出一种坚贞不屈的刚强。文天祥不怕死，他早就想好了，甘愿为破碎的山河而死，这在他那首著名的过零丁洋一诗中就有明确的表露：

辛苦遭逢起一经，干戈寥落四周星。
山河破碎风飘絮，身世浮沉雨打萍。
惶恐滩头说惶恐，零丁洋里叹零丁。
人生自古谁无死，留取丹心照汗青。

悲怆、哀婉、绝望、激奋……乱世中的文天祥，无可奈何地算计好了自己的命运。他心里明镜似的，他所起兵勤王的义举，是不足以保国安民的，他感到无助时的惶恐，更感到无助时的伶仃。他只剩一腔热血了，囚禁在大都（今北京）的天牢之中4年有余，蒙元帝国的皇帝忽必烈，一再地威胁和利诱，但文天祥不惧威胁，亦不吃利诱，这使也很感佩他的忽必烈没有一点办法，最后只有成全他的慷慨壮心了，颁旨刀杀。

面对着文天祥在狮子林的梅花诗碑，俗人克敬的眼里，竟然也是岭上梅满枝。眼花腿直，克敬已然觉出心

文大祥书法

身虚脱的感觉，狮子林布局精巧，通幽达玄的指柏轩、真越亭、卧云室、五松园、燕誓堂……都不想去看了。痴呆呆盯着文天祥的梅花诗碑，依依难舍……

难舍的还有一块徐渭的梅花诗碑。

这是俗人克敬此前在常熟市的碑刻博物馆读到

的。一样的梅花诗碑，俗人克敬读起来，感觉大不一样。诗、书、文、画俱为大家的徐渭，太多“喜笑之骂怒于裂眦，长歌之忘甚于痛哭”的艺术家的品性，豪放不羁，愤世叛逆，深为后来之人的敬佩与感动。

俗人克敬看到的只是徐渭的《杂花图卷》的影印件，其泼辣淋漓的点画，超拔脱俗的笔致，无处不在地撞击着克敬的眼睛。也仅是寻常的芍药、石榴、梧桐、扁豆、紫藤、葡萄、南瓜、菊花、芭蕉、水仙、梅花等十几样花卉果木，一经徐渭笔墨的取舍，顿然使蕊萼有意，枝叶含情，引起观者精神上的共鸣。

水墨写意的抒情效果，在徐渭的笔下虽已得到淋漓尽致的发挥，可他似乎并不满足，还常题诗补充，阐发绘画形象所未能尽达之意。常熟碑刻博物馆的梅花诗碑，虽不能说就是徐渭代表作，但也足以使人称绝了。诗曰：

梅花毕竟是春魁，带雪迎霜特地开。
谁扫一枝横疋休，似飘香气到金杯。
……
王孙此梅自何来，元章有手不能栽。
日暮归家醉欲倒，播向角中任人笑。

揣摸诗的况味，俗人克敬以为徐渭是谐虐的，调侃的。然而却从他看似轻松的谐虐和调侃中，品味出别样的隐忍和感伤。

出身于江南一个小官僚家庭的徐渭，自小聪明过人，20岁即中秀才，虽屡试乡举不中，但却颇富军事才干，为时任抗倭总督的胡宗宪所赏识，聘为府中幕僚，设计诱擒盗魁王直、徐海。一次胡宗宪偶获一只白鹿，视为异象，请徐渭撰《进白鹿表》献于朝中，明世宗及学士董汾等，对徐渭的表文大为赏识。正待徐渭春风得意、图谋大展雄才的时候，严嵩奸党失势，胡宗宪牵连受死。一介书生的徐渭又能怎么样呢？惶恐度日，以致精神崩溃，“引巨锥刺耳，深数寸；又以椎碎肾囊，皆不死”。《明史·文苑传》记述徐渭自杀达9次之多，这时的他，内心的愤郁与痛苦，只有在强烈的自虐中发泄了。后来竟误杀其妻，入狱15年。

疯魔了的徐渭出狱后，浪游金陵、宣辽、北京等地。到他73岁去世，20年颠沛流离的生活，时而清醒，时而反常，穷困潦倒、凄凉孤独，正如他的一幅《墨葡萄》图上题跋一样：

半生落魄已成翁，独立书斋啸晚风。
笔底明珠无处卖，闲抛闲掷野藤中。

是啊！天才的徐渭只能在他“笔底的明珠”中获得些许安慰了。这应该是他的大幸，在他落魄疯魔的岁月，手中有一管毛笔，案上有一池浓墨，他可以依赖这两样东西，在一纸白宣上，宣泄他的悲愤，泼洒他的才华，开启了明清水墨写意的新途径。

愤懑、抑郁、孤苦、凄凉的徐渭死后，他的作品越来越为识家所激赏。石涛、石溪、八大山人以至扬州八怪，都深受他的影响，亦卓绝于当时画坛。郑板桥曾以五百金求购“天池（徐渭）石榴一枝”，并自比作“青藤门下走狗”。

齐白石生前也自叹“恨不生三百年前”，而为青藤（徐渭）“磨墨理纸”。

杰出的曹雪芹，杰出的文天祥，杰出的徐渭……生世莫不以梅花自喻自警，自虐自嘲，足见梅花的品性高洁，傲骨铮铮。

俗人克敬已无话可说了，那就以自号梅花屋主王冕的梅花诗结个尾吧：

我家洗砚池头树，朵朵花开淡墨痕。
不要人夸颜色好，只留清气满乾坤。

2004年5月4日　西安太阳庙

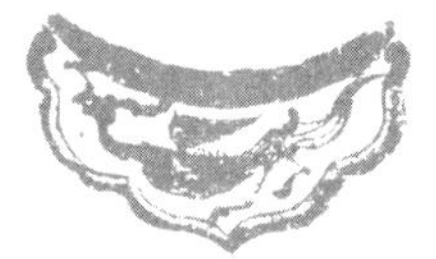

窑神碑：泥土蜕变的美丽

黄土高原的耀县黄堡镇区立小学的学生，在20世纪50年代的一个黄昏，鱼贯地从那座未加修饰的东岳庙里走出来，四散着向周边的几个村庄走去。孩子们边走边朗声地高唱着当时甚为流行的边区歌谣。

> 解放区的天，
> 是明亮的天，
> 解放区的人民好喜欢
> ……

古陶瓷研究专家陈万里、冯先铭两位先生，就站在权作了学校的东岳庙门口，目送着放学的孩子消失在烟岚弥漫的远处，回头相视一笑，一前一后地进了东岳庙。庙内的泥胎塑像已搬了家，让位给了孩子们的课桌和板凳，但东岳庙的建筑如故，立在庙院里的石碑如故。两位专家走访民间，知道东岳庙曾经就是耀县的窑神庙。他们在院子里睁大了眼睛，想要寻找的是窑神的踪迹。一块石碑看过了，再看下一块石碑，有文字的石碑都看过了，无非是东岳庙的建筑沿革和捐资建庙人等的功德碑，哪里有窑神的踪迹呢?

所以为古陶瓷研究专家，便是陈万里和冯先铭两位先生，不会轻易为眼前的现象所蒙蔽。这正是俗人克敬所感动的，二位专家一点儿都不气馁，一点儿也不心急，在偌大的东岳庙里，一路察看着，不放过旧建筑的任何一个角落，甚至随便摆在墙角的一块石头，二位专家都要费劲地掀起来仔细看过。

功夫不负有心人。最后，陈万里和冯先铭二位专家来到教师灶的小院里，看到一块很小的石碑，平卧在灶房前的空地上，碑身沾满了饭垢，还有脏污的油渍，横七竖八地又摆放着留有残羹剩菜的碗碟，一位村妇模样的女人，手忙脚乱地收拾着权作饭桌的石碑。在那位村妇的抹布之下，两位专家的眼睛蓦然一亮，碑首上“德应侯碑”四个苍劲的楷书大字，像四盏尘封已久的明灯，在二位专家的眼前重新放出了光彩。

我国存世最早的一块窑神碑，就这么奇迹般地发现了。

立于北宋元丰七年（1084年）的德应侯碑，详细记述了宋熙宁年间，耀州太守阎公奏封德应侯事。德应侯即为窑神的封号，除此而外，碑文还详述了耀州窑的发展史，以及制瓷、烧成的工艺技术，黄堡镇的自然环境、居民的从业结构、陶业的生产方式、生产关系等方面的内容，是一个研究耀州窑和中国陶瓷史的不可多得的石刻资料。

为了保护好窑神碑，西安碑林博物馆派出专家与当地政府协商决定，当即雇用车马，迁来碑林保存。俗人克敬动笔前，专程去了一次西安碑林博物馆，在三室的西南角，拜谒了矮小的、很不为人注目的窑神碑，恰在此时，有一抹灿烂的阳光，透过展室的玻璃窗，直照在窑神碑上，为光洁的碑面涂上了一层黄灿灿的金色。俗人克敬的心颤抖了，感觉神秘的窑神碑就应该永远闪耀着金色的光彩。

在英文中，瓷器和中国是同义词。俗人克敬为此而骄傲，感同身受的是，在世界瓷器发展史上，中国独占鳌首。

民国二十四年（1935年），英国人大维德爵士策划了一个中国古瓷艺术品伦敦展览会，使中国的古瓷艺术品在西方世界大放异彩，他自己更是深为中国的古瓷艺术品所陶醉。1961年，中华国宝在美国作巡回展览，大维德爵士立即飞到华府，目的甚为单纯，就是想能亲手摸一下“瓷器之花”的汝窑瓷质。

那时的大维德爵士不仅年事已高，行动也很不便，需要坐在轮椅上，在家人的帮助下，才能到达展览现场。主持巡展事务的杨云竹先生，很想满足大维德爵士的请求，但看着他因病而微微颤抖的手，还是婉言拒绝了。杨云竹先生说：“爵士，您来晚了一步。您看，瓷器都已上架陈列了，好不好等到下一站，巡回在纽约展览未上架时，您再来？”

杨云竹的算盘打得很精，他要保护好古瓷，别说是极为珍贵的汝窑瓷器，就是任何一件巡展的瓷器，都不能交给双手颤抖的大维德爵士触摸，拿不稳打了怎么办？敢情你大维德爵士还能为了触摸一件瓷器，舍得花钱在美国住上三个月。

事有大谬不然者，三个月后，杨云竹先生押运中国古瓷巡展到纽约的大都会博物馆，就在他忙着招呼布展人员开箱陈列的那天，大维德爵士在他那位高贵的夫人陪同下，坐着轮椅，准时准点来到了。杨云竹先生为难了，说出去的话如何能收回？大维德爵士看穿了杨云竹的心事，微笑着对他说：“我一生热爱中国瓷器的鉴赏，平生所愿，是能触摸一件汝窑瓷器。今天我有这个机会，就决不会放弃。”大维德爵士说得动了感情，两眼竟莹莹地闪着泪光。杨云竹不能不被感动，他不再犹豫，自己双手拿起那件天青釉“奉华”铭樽的汝窑瓷宝，让大维德爵士颤巍巍的手，痴情地触摸了一遍。

俗人克敬不厌其烦地讲出这段逸闻，不仅因为感人，还因为中国瓷器所享有的崇高荣誉。

这也是中华先祖的荣誉啊！

民以食为天，而食就需要器。中华初民为了生活的需要，首先用最为普通的泥巴制成了陶器。在此基础上发展衍变，涂釉烧窑，这就成了瓷器。一个人改邪归正，本质上有了一个改变，就说是脱胎换骨，那样的气象，既是可喜的，也是可爱的。陶器衍变成瓷器，这一本质的变化，又怎么能不为人所喜！又怎么能不为人所爱！

中华上古史所谓的陶唐氏，后来所谓的陶朱公，应该都是与陶瓷器具有关的。以职业而名姓氏，在中国史书上不胜枚举。由此还派生出一个陶朱公致富散财的故事，更是为后世儿孙所称颂。以陶致富，陶朱公玩的是泥巴的游戏，他用泥巴制陶、烧陶，原料随时随地可取，取之不尽，用之不竭，因之西方人尊奉的圣经上亦说：黄土造人，我们自黄土来，得归黄土去。这是个东西方人共有的天性，大家莫不喜好玩弄泥巴，而唯中国人玩着泥巴把泥巴玩成光彩灿烂的瓷器，这该是何等的荣耀啊！

大维德爵士平生想着手摸的汝窑瓷器，只是我们众多名贵瓷器的一种。1982年版的《中国陶瓷史》称，仅两宋时期，在中华大地上就崛起了六大窑系，分别为定窑系、磁州窑系、耀州窑系、钧窑系、景德镇青白瓷系及浙江龙泉青瓷系。此前唐代以上，此后元代以下，还有多少名窑系，不是陶瓷史研究者的俗人克敬，实在是说不出、数不清。此外，还有多少无名无誉的民间窑，俗人克敬就更是说不出、数不清了。

俗人克敬的阅历有限，也没有专门的时间，走出去，到遍布全国各地的名窑上看一看，因之，对中国陶瓷的认识非常浅薄，所说也可能谬误百出。就以耀州窑为例吧，距离俗人克敬生活的西安很近，也就个把小时的路程，克敬便有了条件，到那里去了几次，看到耀州窑很有代表性的“倒装壶”、“良心壶”、“公道杯”等绝世精品，直看得俗人克敬的眼睛馋了，投射出来，粘在了那一件件闪耀着历史文化光芒的瓷器上。

兴盛于宋代的耀州窑，兼烧黑釉、青釉、白釉瓷器。突出的艺术成就为花纹装饰，图案有莲花、菰草、缠枝花卉纹、波浪纹、鱼鸟纹等，技法有印花、刻花、划花以及模印刻划相间等。

名贵的倒装壶，是宋代耀州窑图案和技法运用集大成者。壶身鼓圆，虚设盖子。顶部雕饰花蒂状盖钮，壶腹侧刻缠枝杜丹，下腹饰仰开莲瓣，飞凤形提梁，哺乳狮壶嘴，造型生动逼真。底心雕戳有梅花孔，采用的是连通器液面等高原理。使用时，将壶倒置，故名倒装壶。注满水，放正壶，底部注孔处滴水不漏。设计极为精巧细腻，纹饰富丽，寓意吉祥。

此外就是良心壶和公道杯了。

一壶一杯，皆为盛酒器。

盛酒的良心壶，为一精神飘逸的寿星造型，两处注入口巧妙地设置在寿星拐杖下端，及肩头悬挂的酒葫芦之处。因其可同时注入，倒出两种品味不同的酒，而得名良心壶。亲朋相聚，老人做寿，大俗大雅的寿星造型会平添许多喜庆的气氛。

盛酒的公道杯，杯心直立一腾空而起的龙首，外底部有一漏孔。酒注入，浅则滴酒不漏；满则水流殆尽。故称公道杯。结构奇巧，造型生动的公道杯，尽显了耀州瓷器釉层淳厚、纹饰清雅、匠心独具的特色。

流连忘返在神秘瑰丽的耀州瓷世界里，俗人克敬深刻地体会到了烧瓷艺人的精神境界，大俗中透着大雅，大醇中透着大美，仅是一只瓷碗上半朵菊花头的描绘，一笔不能多，一笔不能少，匠工把对美的理解，凝练在出神的几笔几划中；仅是一只瓷盘几个字的书写，夸张得有了心思，变形得有了滋味，“取之不尽”、“闻香下马”、“梦见周公”、“喜庆有余”、“四季平安”……还有民谚和口语，也常融入画面，给人的是一种真情的流露和诗情画意的享受。

俗人克敬为耀州窑这些富贵的，而又不脱烟火味的瓷器感动着，知道它们的存在，不是窑神德应侯的功劳，而是一个一个不知名姓的普通陶瓷艺人的杰作。他们才是真正的窑神啊！

德应侯的窑神是敕封的。官府敕封的窑神都做了什么？有什么贡献？克敬遍查资料，终是不得而知。俗人克敬在官封窑神德应侯所在耀州耳听眼见，已没有人知道他了，他的所有传说，就只有陈万里、冯先铭两位专家发现的那块窑神碑。

然而，烟火不断的窑厂需要窑神，没有敬奉的窑神，他们就像缺了主心骨、缺了灵性、缺了创造。窑工就请来了一位民间的窑神——风火仙师。

风火仙师在瓷都景德镇的凤凰山上有他享受供奉的庙堂。早些年，克敬出差路过景德镇，在风火仙师的庙上了一炷香，看到香火缭绕、供品满案的风火仙师，头戴着破烂斗笠，身穿着麻布短褂，脚穿着系带草鞋，彻头彻尾的一个烧窑瓷工的形象。

不错，风火仙师就是一个普通的烧窑瓷工。风火仙师是他的后辈儿孙奉送给他的尊号。他有俗名，很俗很俗的一个名字：童宾。

风火仙师的神庙里有一块《重修风火神庙碑记》的碑石，刀刻的文字证明着童宾的存在。碑文曰：

所谓风火神者有之，自明之季世始，考神实姓童氏，尝职窑为业，当前明神宗时，阉人督窑，事费就，数困辱操作者，神举身殉焉，而后器成，如志由是，出神而奉之。

碑文记述得太简略了。在景德镇，随便和一个人说起童宾，都能给你说得头头是道。俗人克敬把听来的版本归纳了一下，得到的最终结论是：明朝神宗万历年间，内监潘相奉旨，到景德镇督烧大龙缸。期限非常紧迫，要求克日完成。但大龙缸的烧制并非易事，事前没有经验，试烧每每失败。然限期将至，若还不能烧成大龙缸，烧造者无论是谁，有多少人，都将难逃惩罚。而且已有不少窑工师傅，在潘相专横的皮鞭下，不堪摧残，倒在了烈焰熊熊的窑口。为人正直、尚德好义的童宾，心里十分气愤和难过，为了抗议，也为了能救大家，他纵身跳进窑火中，用自己的生命为代价，换来了大龙缸的烧制成功，救了参与者的性命。众人莫不动容，立庙祭祀他，供奉其为窑神。

童宾，窑工们的世俗神！

在他之前呢？还是在他之后？传说中还有位窑神，那就是美丽感人的云姑了。

云姑的莹润和温暖，在景德镇窑工的心里，始终都鲜活着。虽然没人能说得清楚宋、元、明、清，云姑到底是哪个朝代的人，但她明亮在窑工的眼睛里，成了他们敬奉的瓷窑女神！

像童宾一样，云姑也舍身在了熊熊燃烧的窑火里了。

那是寒冷的冬季，京城深宫里万千宠爱于一身的绿妃，竟然生病不起，寻医求药都没有效用。绿妃苦苦地挣扎着，盼望能再看上一眼来年春缀枝头的新绿。

可她没能如愿，她死了。

绿妃生来酷爱绿色，服饰器皿，用东用西，尽可能地都要绿起来。皇帝老子偏也对绿妃好绿的习性大为激赏，推波助澜，受宠若惊的绿妃便整日淹没在沉沉的绿色中了。绿妃死了，痛惜万分的皇帝，颁下诏书，命景德镇御窑的能工巧匠，烧制一套尽显融融春色的瓷器，随绿妃在春季入葬。

几番呈献样品，挑剔的皇帝都不满意。随即派出亲随太监星夜督造。督造太监异常残暴，每次熄火开窑，都命刀斧手来窑前守候，失败了，当班的瓷器艺匠便人头落地。

一次又一次开窑，一次又一次灾难……

春天来了，山绿了，水绿了，景德镇御窑烧制绿瓷祭器还没有成功。云姑的父亲陆师傅被督造太监逼在御窑的窑口上，点火烧窑了。有人传话到陆师傅的老家婺源，陆师傅的独生女儿云姑为父担着心，顾不得山高水长，赶到景德镇看父亲来了。

婺源是个山清水碧的地方，好山好水滋养人，云姑出落得端庄灵秀。临行前，云姑不忘采摘了一篓家乡的新茶，背在身上，星夜兼程，往父亲的身边赶。

临近熄火，陆师傅都无法把握窑温的微妙变化。他知道，自己用尽了平生技艺，他无能为力了，他的生命也将走到头了。

含悲忍痛的云姑，不迟不早，正好赶在绝望的父亲前头来到了窑场。也不用多说一句话，只是看一眼凶神恶煞的刀斧手，再看一眼心灰意冷的父亲，云姑便什么都明白了。她甚至顾不上卸下背上的茶篓，冲着烈火熊熊的窑口，身上的衣袂一闪，便隐没在一片焰焰的火口里了！

窑场的秩序大乱。

哭喊的陆师傅和他的窑工兄弟们急忙熄火开窑，聪慧芬芳的云姑已化成了一股青烟，而满窑的瓷器，竟然一派盎然春绿，仿佛云浮翠岚，嫩柳含烟。

映春照绿的瓷器——烧成了！

窑神童宾！

窑神云姑！

中华瑰宝的瓷器，却原来在一幕一幕的悲剧中，才显示出了无限瑰丽的璀璨和光亮。

2004年5月5日　西安后村

安养院碑：历史深处的人性光芒

令俗人克敬惊讶的是，在深秋的瑟瑟冷风中，克敬踯躅在苏州碑刻博物馆，蓦然看见一块很不显眼的小碑，碑首上“安养院记”几个篆字，却像四只温暖的手，在克敬的眼里放大着，使克敬的心得到了抚慰。

俗人克敬一个字一个字地阅读着碑上的文字，知晓了这块独特的“安养院记”碑勒石于南宋宝庆二年（1226年），是我国迄今为止，发现最早的一块医院碑刻。而这个医院，又是专为囚犯治病所设立的。碑记上有两句话，堪为我们后人所汗颜：

死于刑吾不忍也，

而有死于病者若之何？

一时之间，俗人克敬的眼睛定格在了这两句话上，不敢相信，在封建专制社会的旧时代，对于犯人，会有如此人道的、人性的关怀。

克敬只有老老实实地阅读“安养院记”碑，从那些久远的文字中感受人性的温暖。碑文明确要求，一旦“病告者而治其医之”，不惜“简良材，粹良方，以授大小医而精炼”也。如此善待囚犯，能不使人感动。而且从碑文中看到，当时这所安养院的规模不小，竟有“屋百础，田三顷，饮食卧藉薰燎之物靡不具”。这就是说，当时的苏州府及属县衙门设立“安养院”，决不是虚应故事，笼络人心，而是脚踏实地地关心着囚徒的生活和健康。

封建社会的东西，并不全都是腐朽落后的，有一些还是有其积极意义的，例如苏州“安养院记”碑所提倡实施的，就很值得我们继承和学习，我们要把囚犯当“人”看，那么就更应该把所谓的盲流当“人”看了。

2004年5月8日·西安太阳庙门

教泽碑：深山不阻清风

越是原始，越是少开发的地方，如今却成了人们热衷游览的地方。河南省的卢氏县，地处伏牛山腹地，山高沟深，水幽林密，以往很少游人前往，可现在到那里去看，游人如织，一不小心，游人就会头碰了头。“五一”长假，俗人克敬受几位朋友撺掇，自驾一辆现代商务的小汽车，从潼关的风凌渡过黄河，南下三门峡市管辖的伏牛山卢氏县而去。

首先到达的是卢氏县道口镇的大淙潭瀑布群风景区。景区外有个叫东汉庄的村落，因为瀑布群的开发，村子里的庄户人家，纷纷打出“农家乐”旅馆的牌子，极尽所能，招徕游客。俗人克敬一行，选了一户门面洁净的人家进去，院内的绿树修竹，在无规则的布局中，却又显出一种别样的规则，使小小的一个农家小院，显出山里人家所独有的野趣来。一盘一盘的野菜端上了桌，讨教菜名，知道了梧柏芽、松柳芽等过去闻所未闻的吃货，酌上当地土酿的玉米烧，很是平常的一顿山野家宴，却也吃喝得克敬几个朋友大呼快活。

城里有的长假，不等于农村也有，“农家乐”的孩子还在学校上课，她的丈夫也在学校教书。正当克敬和朋友吃喝得大呼小叫时，“农家乐”的儿女和丈夫回家来了。教书的丈夫，身材长得高高瘦瘦，回家来洗了手，就帮着操持“农家乐”的女人忙开了，端盘子端碗，添酒加菜，极为热情。克敬多了一句嘴，招呼高瘦的男人坐下来，也喝几杯。也只是一句客气话，想不到高瘦的男人拉了一个高凳，当真插在克敬和朋友的中间坐了下来。

几杯土酒落肚，高瘦的丈夫大话开了。

一说他们卢氏的自然景观如何旖旎，二说他们卢氏的人文景观如何俊逸，听得俗人克敬一伙朋友大睁着眼睛，全都一脸的艳羡。也许因为高瘦的丈夫职业是教师，在大话卢氏人文景观时，着重大话了现代文学翻译家曹靖华和他父亲曹培元。高瘦的丈夫大话得满腔的自豪、满腔的骄傲。

在大学，克敬读的是中国现当代文学研究，对翻译家曹靖华多少了解一些，知道他“五四”运动前后，在开封读初中时便积极投身进步学生运动。1920年作为河南的学生代表，赴上海参加了全国学生联合会第一次代表大会。1924年由中国社会主义青年团派遣，赴莫斯科东方大学深造。从此与苏联文学结下不解之缘，翻译了大量俄国进步作品和苏联革命作品，深得鲁迅先生的赞赏，称誉他“一声不响，不断地翻译”的辛劳精神。而鲁迅先生的作品，也是最早为曹靖华翻译成俄文，交由俄国友人王希礼出版风靡苏联大地。但对曹靖华的父亲曹培元先生，却知之甚微，而“农家乐”高瘦的丈夫，大话之间，似乎更多了一份敬慕和爱戴。

于是乎，俗人克敬在卢氏县观光的日子，游览自然风光倒在其次了，把寻访人文景观提升到头等重要的大事上来。

曹氏一门，祖居卢氏县五里川。身为晚清秀才的曹培元，愤于时弊，无意仕途，立志终生从事乡里教育事业，开发民智，培育故乡贫苦子弟。起初在朱阳关主持义学，后又到汤河、马耳崖、五里川任教，桃李满卢氏。

克敬如有索拿，一路循着曹培元的声望而去，在五里川的中学院子里，目睹了鲁迅先生亲为曹培元撰写的教泽碑记。当地政府拨出专款，还为教泽碑建了一座尊师亭。通高八尺有余的教泽碑，无一字受损，皆为鲁迅先生骨感强烈的手迹刻勒。俗人克敬凝立碑前，一字一句地默诵着碑上的文字：

夫激荡之会，利于乘时，劲风盘空，轻蓬振翮，故以豪杰称一时者多矣，而品节卓异之士，盖难得一。卢氏曹植甫先生名培元，幼承义方，长怀大愿，秉性宽厚，立行贞明。躬居山曲，设校授徒，专心一志，启迪后进，或有未谛，循循诱之，历久不渝，惠流遐迩。又不泥古，为学日新，作时世之前躯，与童冠而俱迈。使旧乡还丕变，日见昭明，君子自强，永无意必。而韬光里巷，处之怡然。此岂辁才小慧之徒所能至哉。

鲁迅为曹培元之撰写碑文的时期在1934年。其时曹培元任教已逾40年，他的学生从全国各地串联起来，认为先生的教育业绩巨大，时刻铭记不忘，特别决定，树碑以为纪念。曹靖华也是其父的学生，受大

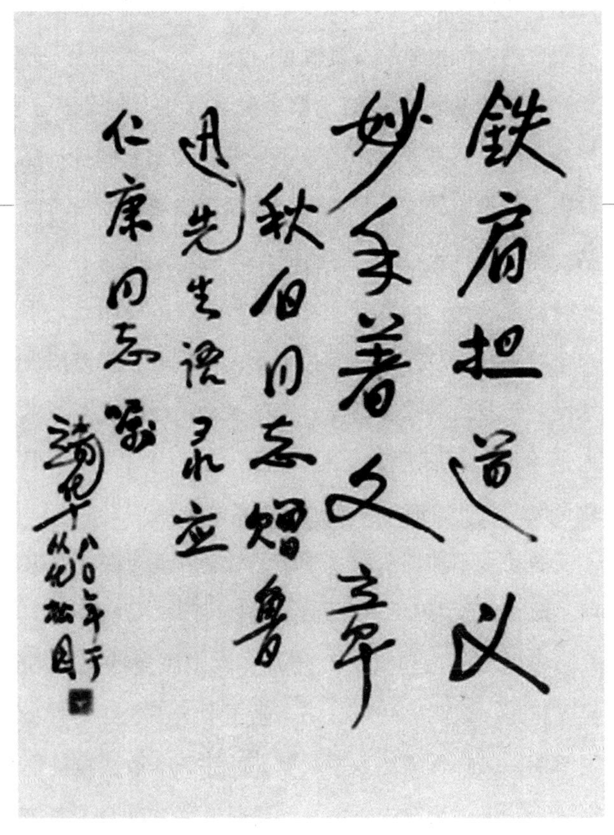

曹靖华书法

家推举，请托于鲁迅，而鲁迅亦欣然允诺了下来。

克敬阅读鲁迅先生的文集，很少读到碑文一类的写作，不知收在《且介亭杂文集》里的这篇碑文，是不是唯一的一篇？克敬原来也只是轻淡地翻了翻而已，而未能品出其中的滋味。而刀刻斧凿的文字，感觉顿然发生了变化，体悟到鲁迅撰写的《河南卢氏曹先生教泽碑文》，深切地传达了鲁迅对农村教育的重视，及其对献身教育的农村教师的由衷敬仰。

当然，鲁迅为曹培元撰写碑文，也有他与其子曹靖华的友谊使然，但这不是最根本的。根本的是曹培元的操行品德，是很值得鲁迅为其撰写碑文。如不然，曹靖华与鲁迅交谊再厚，以鲁迅的性格，也是不会苦心孤诣写出那篇碑文的。

检索资料，克敬知晓立志乡村教育的曹培元，不仅为人刚直，力击时弊，反对守旧，力持创新。而且在教学方法上，也旗帜鲜明地反对八股式的囫囵吞枣，主张灵活运用；反对不求甚解，刻板的死记硬背，主张比较，讲清道理。在他身体力行的倡导下，卢氏的教育风气大变，成为学界远近闻名的楷范。

曹培元不独埋头故乡学子的教育，而且关心国家命运，敢言人所不敢言，敢为人所不敢为。

民国二十三年（1934年）冬，国民党19路军第60师从开封调至五里川、朱阳关一带驻防，阻击中国工农红军第25军北上抗日。春节期间，师长陈沛为了鼓舞部队士气，收买拉拢群众，从外地请来一个戏班子，在朱阳关小学院子开联欢晚会，曹培元写了一副对联，贴在舞台明柱上：

舞台即是世界，世界便是舞台；
演员在演大家，大家都是演员。

师长陈沛是有些文化的，看得懂联句中隐含的意思，过了一日，请来曹培元面叙，便说起了那副对联。曹培元也不隐瞒，直言不讳地告诉陈沛：“常言讲养兵千日，用兵一时。当今日寇侵华，步步逼近。国家兴亡，匹夫有责，贵军不在前线抗日，却来后方同室操戈，攻打红军，不知师长对此如何措辞？”陈沛当下面也红了，耳也赤了，支支吾吾地搪塞：“军人以服从命令为天职，敝人是身不由己，旨意难违……”没等陈沛说完，曹培元即气愤地质问：“那么天意、民意、世情、国情就能违了？岂不知水能载舟，亦能覆舟，民心才是不可违呢！”

曹培元的直言相谏，虽然闹了陈沛一个大红脸，但日后的60师，在驻防期间，反共活动终究有所收敛。

民国三十五年（1946年）新四军五师中原突围后，也曾来卢氏县的五里川开展工作。曹培元热忱欢迎，并亲自出面，召集地方名流开会，为新四军宣传群众，筹集粮食。建国后，河南省召开第一届人民代表大会，曹培元作为特邀代表出席了大会。本来他可以在新政权中为人民而工作，但他不改青年时立下的宏愿，依然扎根山区农村，从事简单的农村教育工作，兢兢业业，勤勤恳恳，培养了一代又一代青年知识分子，直到他在1958年以99岁的高龄，病殁在故乡的学校里。

俗人京敬已无话可说，从寂静的五里川中学校园出来，走到杜鹃花盛开的山坡上去，采了鲜艳的一束，捧在手中，返身来到曹培元的教泽碑前，恭恭敬敬地献在墨玉碑座上。

2004年6月5日　西安后村

旋风碑：道德文章满乾坤

宜都龙窝子村是幸运的。幸运他们的清山秀水养育了一位“学龙”、“文龙”、“书龙”俱显的文化大家杨守敬。先生在76岁时无疾而终，民国政府批出专款，委托显要，扶灵柩从京城出发，回宜都故土归葬。然而，叫俗人克敬感慨的是，杨守敬先生这一归葬，竟如石沉大海，从此很少有人提起。

秋雨微冷，斜抽车窗，雨雾朦胧了俗人克敬的眼睛，汽车轮子滑行在泥泞的村级公路上，克敬知道杨守敬墓园所在的龙窝子村到了。

先生的墓园不大，在一片橘林的包围之中，长岗苍翠，如一条腾跃的青龙，守护在墓园的一侧。克敬放眼看去，看见不远处的一个屋场上，橘农数人，冒着秋雨忙碌着，抬筐提篮，把金灿灿丰收了的橘子装车外运。克敬便想，这于杨守敬先生的累累学术成果，不无一些象征意义。

光绪六年（1880年），48岁的杨守敬第6次会试不中，从此出走他乡，开始了他漫长而卓有成效的学术生涯。俗人克敬查阅资料，感佩先生只在日本待了4年时间，便倾其所有，收集散佚在日本的我国唐宋元明各种善本孤本数十万册，装船运回了祖国大陆，在湖北的黄州建了一座名为“邻苏”的藏书楼，藏书用房达10余间。而这仅只是先生伟大贡献的一个方面，俗人克敬更为感佩的是，先生在日本的几年时间，潜心于中国书法的创研与推广，深为日本书道界的崇仰与膜拜，尊他为日本现代书法的师祖，称他为“近代日本书法的掘井人”、“日本现代书法之父”，并以他作为判断整个书法跨入新时期的标志。

先生不仅楷、行、隶、篆、草书俱长，还有多部书论著作，至今为书界的重要理论指导。如今的日本学者，研究杨守敬书法艺术的就有6000余人，他们虽然各有自己的认识和见解，但对先生肯定前人书法艺术的“三要”（要天分，要多见，要多写）基础上所倡导的另外“两要”，即“一要品高，一要学富”，却是众口一词，大为赞赏，“品高者，则下笔妍雅，不落尘俗；学富者，胸罗万象，书卷之气，自然溢于行间”。当时被誉为日本书坛“三驾马车”的日下部鸣鹤、岩谷一六、松田雪柯，都以投入杨守敬门下为荣。日本书法史家木神英山，在他的一部书法理论专著中，把先生对日本书坛的影响，不无张扬地比作“杨守敬旋风”！

“旋风”的吸引力是巨大的，在杨守敬于1884年5月乘船西归后，即不断地有日本朋友来访论书，或受业门下。有一件事特别能说明问题，辛亥革命时，杨守敬在武昌的“观海堂”建成，他的藏书也从黄州的“邻苏”楼迁移到观海堂，战火纷飞，“观海堂”时刻面临楼毁散佚的危险，日本驻汉口领事寺西秀武面见督都黎元洪，请求对杨守敬的藏书给予特别保护，黎元洪采纳了寺西秀武的意见，启示武汉三镇：“照得文明各国，凡于本国之典章图籍，罔不极意保存，以为国家光荣。兹查杨守敬，藏古书数十万卷。凡我国同胞，均应竭力保护。如敢有意图损毁及盗窃者，一经查觉，立即拿问治罪。杨绅士系笃学老成之士，同胞咸当敬爱，共尽保护之责，以存古籍而重乡贤。”据说，先生藏书中，还有汉、魏、六朝、隋、唐的珍贵碑帖数万余件。

克敬说一句汗颜的话，杨守敬“旋风”般的书法作品，竟难得亲眼所睹，这不能不说是心头的一大憾事。好在有人把先生的“旋风”书法，艰难相集，为先生立了一块纪念碑，才使俗人克敬的遗憾得到些许满足。克敬品味着先生的书法，感觉杨学专家陈上岷、虞逸夫二位先生为杨守敬撰书的碑铭，真个是掷地有声，铮铮而鸣：“非维桑梓之荣，亦邦国之光！”

在杨守敬先生的墓园徘徊着，克敬听到一个故事，并深为故事中的主人公而感动。主人公为龚尚法老人，宜都陆城全家店村一个普通农民，土改时偶然发现一方砚台，首端刻有栩栩如生正在戏水的一对蛟龙，墨池的构成巧夺天工，署款为“光绪戊戌六月星吾铭”（星吾者，杨守敬字尔），并镌刻了“杨守敬印”。这方青砚跟随龚尚法老人度过了几十个春秋，国难年月，家里的东西都卖了，唯独这方砚台他一直不卖。到1986年9月，负责筹建杨守敬纪念馆的文化干部，闻听此讯，去龚尚法老人家里做工作，老人慷慨地捐了出来，还说：“我就等着这一天。杨举人的东西，就该是桑梓人民的，我们宜都人都因为他而骄傲！”

“既有金石碑刻的苍劲，如刀劈斧削，又有法帖

杨守敬像

的秀逸，颇有英姿而无媚骨。”讲解员引领着俗人克敬，在杨守敬纪念馆里看到了这方砚台，克敬顿觉先生的笔墨从砚台上飘逸而出，挥洒出北碑南帖相融相照的独特神韵。

《水经注》是北魏学者郦道元毕其一生之功，编著而成的一部中国历史地理学鸿著，引诸史、地记、杂著数百种，以及亲身考察所得，洋洋洒洒，详见水道千余条，叙其地理变迁沿革，旁及城郭、风俗、土产、人物等，实为中国地学不可多得的经典名作。自郦道元之后，许多学人将《水经注》的考订注释引为毕生之学，继明末大家顾炎武对《水经注》的研究卓有成就后，清代又出现了沈炳巽、全祖望、赵一清、戴震、孙星衍等专治《水经注》的五君子。

杨守敬研究《水经注》在他们之后，但研究成果绝不在他们之后。他以前人的研究成果为基础，一方面大量收罗有关书籍资料（时人称他的“观海堂藏书之富，一时雄视国内”），同时又进行了艰难的长途实地考察。有了十分充实的学术准备后，他下笔如有神，相继著作了《禹贡本义》、《汉书地理志补校》，以溯其源；著作了《三国郡县志补正》，以考其世；著作了《隋书地理志考证》以究其委。光绪三十年（1904年）首刻《水经注疏要删》刊布发行，继之又于宣统元年（1909年）再刻《水经注疏要删补遗及续补》，由此赢得巨大的学术声誉，学者名士额手相庆，推崇他的研究为“旷世绝学，独有千古”。此后，又在他的得意弟子熊会桢的鼎力支持下，从逐一检出注语出处入手，比勘前哲得失，历30年“无间寒暑”，用书八部，笔墨遍眉行，终使百万之言的《水经注疏》大功基本告成。

然而令俗人克敬深为遗憾的是，杨守敬未能亲眼目睹《水经注疏》的刊印发行。幸好还有他的学生熊会桢，在老师临终时受命，铭记恩师遗愿，蛰居武昌，又是22年的“无间寒暑”，“书凡六七校，稿经六易，略已初定”。在此期间，日本学人来到武昌，欲以重金购买抄写副本，也被熊会桢以“大夫无域外之交”而坚拒之。

卢沟桥事变的爆发，国民党政府从学术和军事价值的目的出发，要求对杨守敬《水经注疏》的原稿予以保护和强购。时任中央研究会总干事、历史与语言研究所所长的傅斯年，为此没少操心，坐飞机把原稿转移到战火相对安全的香港。在香港沦陷后，傅斯年无时无刻不牵挂着《水经注疏》原稿的命运，直到1949年前后，辗转带往了台湾。20世纪50年代初，由台北中华书局将其影印出版。俗人克敬眼福浅，至今未能见到影印的《水经注疏》，但湖北人民出版社编辑出版的13卷《杨守敬集》，在西安的古旧书店拉直了克敬的眼睛，毫不计较资费的昂贵，当下购得一套。颤抖的手打开书页，仅在卷末附录的杨学研究论文索引里，就看到如王国维、梁启超、胡适、鲁迅……如日下部鸣鹤、松村邦彦等中日文化大家长长的一串目录，让俗人克敬顿感一股扑面而来的杨学"旋风"！

已是深秋时节，断续飘洒的雨丝，带着几许寒气侵袭着克敬的面颊，使克敬感到一时的恍惚，疑似杨守敬老先生对克敬的敲打。俗人克敬晓得自己的浅薄，晓得自己没能很好地领悟先生的深邃和睿智。但克敬的善意，尖锐地刺痛了自己的神经，使自身有了一个体味得到而又无法用语言说出的觉悟。

2004年6月8日 西安太阳庙

照人碑：不长尾巴人难认

有客自远方来，俗人克敬陪伴着去临潼游玩，雄宏壮阔的秦始皇兵马俑非看不可，凄婉迷离的杨玉环温泉宫亦非看不可，同时还爬上了关中八景之一的骊山，看了张学良、杨虎城西安兵谏时闹出来的新景捉蒋（介石）亭，以及周幽王为博美姬褒姒一笑而大戏诸侯的老景烽火台。

克敬工作在西安，陪客人游临潼是一个断不了的功课，看得多了，审美神经就有些麻木，便觉不出那些景物的美妙了。这一次陪的是克敬敬重的一个文化人，虽然折腾得腰酸腿疼，却还余兴未灭，提议到临潼的博物馆走走，说不定会有新的惊喜等着我们。这是克敬的经验，陕西关中的地方，历史积淀太厚了，随便在土里抠一指头，挖出来的说不定就是一个周鼎汉简、一块秦砖汉瓦呢。在这样的地方，大名大姓的历史风流多了去了，稍逊风骚的物事，便常会被人遗忘。克敬就曾写过一篇小文章，为“罢黜百家，独尊儒术”的董仲舒老先生大叫不平，他的这一主张，经汉武帝拿起来发扬光大，影响了中国社会政治近乎两千年的人物，也只能寒碜地龟缩在西安南城墙根儿上，任凭草生草灭，偏是无人问津。克敬也是，原来住宿在董仲舒墓东的建国路，每日要去董仲舒墓西的四府街上班，没有一天不从董仲舒的墓前经过，却也是熟视无睹，竟然没有一次到老先生的墓园凭吊过。

这就是陕西，这就是西安，这就是陕西和西安的人，是怪不得谁的。

克敬的提议，得到了远方客人的响应。果然也是，临潼博物馆里空空荡荡，只有两边碑廊上的一块块碑石，黑黝黝地默立着。一块一块地往过看，有一通略呈正方形的石碑，蓦然吸引了克敬的目光。凑到近前细看，发现碑体的右半部原刻飞白草书“云房”二字，心头便动了一下，知晓此碑别有来头。克敬虽然不通佛门，却也明了“云房”的含意，是为僧道或隐者所居之室。碑的左半部另有几行小字题跋，但许多字已经风蚀得看不清楚了，其中“金承安四年，岁在己未冬至”几个字还依稀看得见模样。克敬掐指一算，金承安四年，即为公元1199年，这就是说，此碑距今至少有800年的历史了。

很想找个人打问一下此碑的来历，可是空落落的博物馆院子，根本没有人能问；又想着买一份资料，或许能知晓此碑的来历，结果还是一个失望，展销临潼旅游的书柜和书摊上，数十种编辑精美的图书，没有一条一目介绍此碑的文字，克敬就只有遗憾下去了。

还好，俗人克敬的遗憾在日前得到了缓释，临潼一位不怎么好文的小吏，来克敬供职的《西安日报》联系采访事宜，言语中说起他们博物馆的“云房”碑，小吏便摇晃起头来，不无卖弄地告诉克敬：错了错了，什么云房碑？不是不是，那是一块照人碑。

克敬没有理由不相信小吏的说辞，也便把那块碑叫成了照人碑。

自然界不乏这种光亮照人的石头。是夜，克敬在报社值班，派驻安康的记者张松传真来一篇消息，记述填坪县城关镇的一处岩壁上，有一块表面光滑的石头，可照出清晰的实物，被当地人称为镜子石。

相传那处岩壁上，原来有3块大小不同的石镜子，初始，有一户人家居住岩下，这户人家的女眷每日起床，洗漱一毕，都会跑到石镜前梳头辫发。近些年来的人多，稍低的两块石镜，人为地手摸掌拍，已照不见人影，唯留下倾斜在石缝中的这一块石镜子了。

地质专家的推测是，照得见实物的石头可能具有某种特殊的矿物质，并经过长期的风化，致使石面变得平滑，也才出现了石头镜子的奇观。

临潼博物馆的照人碑，是否也是那样一块具有某种矿物质的石头，克敬不得而知，那位略知一二的小吏也不大清楚。

小吏给克敬讲了一个完全神话般的传说。

栎阳（现临潼）古时有一县令，为官清正廉明，深得百姓爱戴。栎阳城北有条清水河，河中龙王闻知后，派了他的两个儿子，变作世俗人物微服考察。两龙子在街头相遇，相互挤了一下眼色，便心领神会地动起了拳脚，拉拉扯扯、扯扯拉拉地去县衙大堂，吵吵闹闹、闹闹吵吵地要县令公断。县令三盘六问，五讨八追，而两龙子前言不搭后语，被县令看出破绽，最后不得不实话相告。县令却也没有饶了身份特殊的龙子，判令下来，两个龙子各打四十大板，轰出公堂，并让龙子带话回去：龙子无事生非，打不冤枉。

两龙子唉哟叫疼，捂着流血肿胀的屁股回到水府，见了龙王大骂县令混账，明知是龙王的儿子，还要痛下打令。龙王不为龙子的喊冤叫屈而动怒气，相反听得兴起，抚掌大笑，夸奖龙儿打没白挨，验正县令果然是一个好官。当下把他收藏在龙宫的一面镜子石抬了，与一班敲锣打鼓、鸣笛吹喇叭的鱼乐虾吏，热热闹闹地送进了县衙，安放在公堂之上，让好人坏人，善人恶人，在石镜子前一照，立马见出分晓来：好人善人，形象端庄直立；坏人恶人，形象猥亵倒斜。县令用此碑协助断案，善恶分明，从不冤枉一个好人。

栎阳的古县衙，真个是明镜高悬了。

小吏的传说，俗人克敬不能全信，又不能不信。不能全信，因为克敬坚持唯物主义观点，什么龙王龙子，只是人对未知世界的一种敬畏，没有龙王龙子，又怎么有那样一个神奇的传说。不能不信，还因为克敬坚持唯物主义观点，自然界有照得见实物的石头，临潼博物馆的照人碑，无非就是那样一块石头而已。因此，俗人克敬难得武断一回，承认照人碑的存在，但究竟是谁送到栎阳县衙，谁人所送，暂无确凿记载，就只能由人传说了。

传说是人的一个理想。

克敬是极赞同那个理想的，人的善与恶、真与假、坏与好，太难识别了，看上去慈眉善目的一个人，却往往暗地里给人下黑手，看上去喜眉笑脸的一个人，却往往一转身给人捅刀子。没办法，经历得多了，人们不禁喊出一句话：人没尾巴，难认！

于是乎，人不能自已地生出一个理想，希望有一个照人的镜子，使人的善恶好坏，在那样一面镜子前现出原形来。

栎阳照人碑，是人们这一理想的实证，俗人克敬尽管对其功能大有怀疑，但不想亵渎照人碑，不仅不想亵渎，甚至还奢想，真应该有这样一大批的照人碑，立在各级政府的大门口，让进进出出的人都照上一照，相信许多悲剧就会变成喜剧，许多龌龊就会变成美好。

然而，这也只能是一个理想而已。

世界上哪里会有那样一个照人碑呢？没有。临潼博物馆的那块照人碑，也决然达不到照见人的本质的能力。但就是它，一块弃恶扬善的照人碑，却也屡次遭到恶人的嫉恨和暗算，不知什么时候，先被人为地搬出了栎阳县衙，抛弃于荒野之中，后又为人所发现，镶嵌在栎阳古城的东城门洞中。再后来，就到了1954年，政府号令拆除栎阳古城，照人碑因祸得福，这才迁移到临潼博物馆收藏。原以为收藏在博物馆中，该是物归其所，安然无恙了，岂知道，竟被馆内一工作人员，举起18磅的铁锤，残忍地砸成了几段。俗人克敬与远客在临潼博物馆看到的照人碑，是劫后粘拼起来，已完全失去了原来的面目，既照不见人影，又支离破碎，叫俗人克敬回想起来，心头总是酸酸的不是滋味。

作文已到深夜，克敬本想就此收笔，临潼小吏夸赞照人碑的一段口谱，却不失时机地在耳畔响起：

东门外照人碑神通广大，
西门外一夜间堆座宝塔，
南门外凤凰柏无人不夸，
北门外一口井水映莲花。

确实是值得一夸的。可惜的是，克敬曾去栎阳古城游览，那口水映莲花的井不见了，凤凰柏不见了，宝塔也不见了，就只余下这块照人碑，虽然残破，虽然不再能照人，却能收藏下来，克敬突然又觉得很是欣幸了。

欣幸为了一块照人碑，也为了智慧的人们。人类社会尽管充满了假恶丑，但人们追求真善美的理想是不灭的。人需要照镜子，照那种能照见人本质的镜子。克敬以为，这样的镜子不是没有，有，就是人自己。伟大如一代明君的李世民，在他痛失铮臣魏征时，有了一个感时追古的顿悟，挥笔写出：以铜为镜，可以正衣冠；以史为镜，可以知兴替；以人为镜，可以明得失。

的的确确，人自己才是一面照得善恶好坏的镜子。

李世民能照镜子，常照镜子，善照镜子……李世民开创了贞观之治，开创了他一个明君的不朽功业，李世民也成了后世君王的一面镜子。为君为王者，做得好与不好，错与不错，明与不明，腐与不腐，烂与不烂……君王自己可能很少在李世民树起的镜子前照自己，但老百姓和史学家，肯定要把他们拉到李世民树起的镜子前照一照，是死是活，都不能逃得走，躲得过。

华夏五千年，为后世儿孙树立起来的人镜何止千万；子罕不贪为宝，祁黄羊举贤，复鞯大义灭亲，陶渊明不为五斗米折腰，包文正执法如山，岳武穆王精忠报国……一面面高洁光亮的人镜，发人深省，促人上进，见贤思齐，向真、向善、向美。

然而，却总是有一些人事非颠倒，黑白混淆，大喊大叫："别人捞得，我为什么不能捞？别人敢干我为什么不敢干？"听其言，俗人克敬明白，他们也照镜子，照的不是"人"之明镜，照的是"人"之昏镜。

人要照镜子，但绝不敢照昏镜。

2004年6月14日凌晨2时　西安太阳庙

藏羚羊碑：可可西里不死的精魂

忽闻可爱的藏羚羊有望成为2008年北京奥运会的吉祥物，俗人克敬的心便突突地跳起来，真心地祝愿，雪域高原的宝贝藏羚羊，真的能获得那个不可多得的殊荣。

还在俗人克敬大为激动的时候，有两个早已定格在克敬脑海里的画面又一次浮现在了眼前。

一个定格在1994年元月18日的晚上，为保护藏羚羊首倡并担任西部工作委员会书记的索南达杰，带领他的反偷猎队伍深入可可西里自然资源保护区10个日头，在太阳湖畔抓获了20名偷猎者。因为其中两个受伤，索南达杰本着人道主义的精神，派出2名反偷猎队员，押送他们连夜赶往格尔木治疗，自己则和另一名反偷猎队员押着18名偷猎者和缴获的车队，沿原路返回基地。偷猎者觊觎执法人员少的时机，将在头车上带路的反偷猎队员击昏，抢夺了武器，等待殿后的索南达杰车辆刚靠近，疯狂的偷猎者打开全部车灯，照射着他，使他什么都看不清，几乎就在同时，10多杆枪口对准了他，像是他们猎杀藏羚羊一样，在索南达杰身上打了近10个弹洞。

索南达杰牺牲了。身边是他率领反偷猎队员缴获的两大卡车2000余张藏羚羊皮。他至死都保持着半蹲射击的姿势。等增援人员赶到时，已是5天之后了，可可西里零下40摄氏度的严寒，早已把英雄的索南达杰冻成了青藏高原上一座不屈的冰雕。

另一个画面则定格在索南达杰死后的1998年，他最为亲爱的好妹夫扎巴多杰，挑起了哥哥未竟的事业，担任了西部工作委员会书记的职务。他像英雄的哥哥一样，带着反偷猎队的战友，踏进可可西里无人区例行巡逻任务。途中，他们抓获了一队偷猎疑犯，现场有几只双眼还未睁开、嗷嗷待哺的小藏羚羊，张嘴叼着母亲血肉模糊的乳头，而藏羚羊母亲的皮毛已被偷猎者剥去了。怒不可遏的扎巴多杰，瞪得圆圆的眼睛里泪水夺眶而出，他抓住一个偷猎分子咆哮如雷：你看你们都干了些什么？

伤痛欲绝的扎巴多杰哪里知道，更残酷的一幕还等着他，几乎是在英雄哥哥索南达杰死难4周年的日子，在黄河源头的玉树镇，同样英勇的扎巴多杰又不幸遇难，偷猎犯罪分子的枪弹从他的左耳根下射入，7个小时后，他便永远地停止了呼吸。

壮士一去兮不复返。他们用鲜血和生命保护的可可西里，用鲜血和生命保护的藏羚羊，还有后来者在保护。俗人克敬的一个小老弟，自愿报名，参加了2004年春季的一次可可西里志愿者保护行动。临行前，克敬撵着送他，央告他在索南达杰和扎巴多杰的坟头上，替克敬烧一炷香、祭一杯酒。

可是，非常遗憾，小老弟一路走过可可西里，所见所闻，都是索南达杰和扎巴多杰的英雄故事，两位英雄成了可可西里的一个响亮的名片，可他，俗人克敬的小老弟却没能走到英雄的墓前去，也未能了却克敬对英雄敬祭的念头。

不是小老弟到不了，也不是小老弟不想到。但他说，越是靠近英雄灵魂的安息地，他越想躲开。为什么要躲开呢？小老弟说他不知道。只感到心血像煮沸的水一样，十分地烫，他的脸红了，红得像一块烙铁。小老弟说他是为我们人类而脸红，为什么总是有人要破坏自然？破坏环境？破坏与人的生命一样珍贵的其他动物？

为人类的另一种欲望脸红，可能是小老弟躲开可可西里英雄的唯一理由。俗人克敬理解了他，像他一样，也为人类的另一种欲望而羞愧，在遥远的西安的家里，为可可西里祝福，为藏羚羊祝福。

这就通过卫星电视，看见了在昆仑山口树立藏羚羊碑的现场转播。

2004年4月6日的昆仑山口上，彩旗飘扬，锣鼓声、号角声，还有枪弹尖利的啸叫声，在海拔4700米的高山顶上回荡，一座花岗岩雕刻的藏羚羊碑，在汉藏回羌等各族群众热烈的掌声里，揭开红绸面纱，5只形态矫健壮美、翘首茫茫可可西里的藏羚羊，高高地屹立在蓝天白云下的昆仑山口。碑座一侧雕下了为保护可可西里提供帮助和支持的34家集体以及17名个人名单。在他们密密麻麻的名单上方，是一段雕刻精细的宋体碑文：

> 蓝天、白云、青山、绿水，是人类和所有生命共同的家园。可可西里生态和珍稀野生动物的保护，受到了各界的广泛关注、支持。他们的爱心奉献与山河同在，与日月同辉。

藏羚羊碑

俗人克敬为铭刻在藏羚羊碑上的单位和个人骄傲着，他们是最先为可可西里的环境保护贡献力量者，他们理应获得树碑纪念的誉辉。他们同时是一枚枚的火光，照耀着有志于可可西里环境保护的广大单位和个人，踊跃地加入到他们的行列中，可以想象，那将

藏羚羊

是一支非常壮观的队伍。

有一个是最早走出来的，他的名字叫杨欣。

钟爱江河源头漂流的杨欣，在索南达杰英雄精神鼓舞下，放弃了他原来钟情的漂流，而开始了一项实实在在的行动，为了可爱的可可西里，为了可爱的藏羚羊，杨欣把以生命为筹码拍摄下来的珍贵照片，结集出版义卖，为可可西里和藏羚羊的保护筹集资金。杨欣的目标是在广袤的可可西里无人区，建设几座设备先进的自然保护站。杨欣的义举，还引得一位深居简出、淡漠人生的名人之后梁从诫先生的鼎力支持，借用其祖梁启超、其父梁思成的名义，四处联络，来为杨欣的自然保护站募集资金……对于这一切，杨欣只有一句朴素到简单的话：所有的付出，都是为了索南达杰的未竟事业。

杨欣立志筹建自然保护站的心愿，在一群志士的倾力相助和解囊下，业已初步实现。他们的第一个自然保护站就建在喀喇昆仑山口下，并起名为“索南达杰自然保护站”。遥对山口的，是索南达杰的纪念碑。

索南达杰的生父和他的亲妹子，赶在自然保护站落成的那一天，把他的骨灰带了来，撒在了他热爱的可可西里，让他能够永远守望可可西里，感受到可可西里。而他铿锵有力的声音也在可可西里的空气里轰鸣：

> 在中国办事不死几个人是很难引起社会重视的。如果需要死人，就让我死在最前面。

俗人克敬感动着索南达杰的话，也感动着他以生命感动了的后来者，大家虽然艰难，却也脚踏实地地继承了他的未竟事业，并已做出了令世人瞩目的贡献。然而，可可西里的自然环境，以及生活在可可西里的藏羚羊，其命运并没有完全改观，甚至可说比过去更为严峻和冷酷。

科学考察人员的报告明确写到，在青藏公路的昆仑山口，不冷泉和索南达杰保护站近百千米地段内，一只藏羚羊都见不到了，只有即将退化为沙漠的大荒原悲哀地面对苍天，原来的水草地上，现在没有了一点潮气，地表龟裂的大口子在狂风中呻吟，枯黄而稀疏的草底下是白茫茫的盐碱花……沙漠化、荒漠化已经对可可西里地区的江河源头构成了巨大威胁，冰川融化，河流干涸，草场退化，生态环境的变迁与恶化，对藏羚羊的生存构成了深层的影响！

俗人克敬的胸口上像堵了一块大石头，感到了一种莫名的压抑和逼迫，克敬觉得自己都要窒息了。

偷猎者的枪声也还在可可西里的原野上爆响，1999年6月14日，阿尔金山保护区的工作人员与中国香港及美国的动物保护组织人员，跋涉1000多公里，原来想考察藏羚羊的繁殖情况。可他们来到阿尔金山深处海拔5000多米的藏羚羊集中繁育区，眼前的景象让他们震惊了。被枪杀剥了皮的藏羚羊，东一堆，西一堆，到处都是，扯开来有一个足球场大，很多雌性藏羚羊都已怀孕正待生产。

在此后的日子，科考队成员有幸遭遇到偷猎犯罪分子。在追捕和交火中，抓获了其中两人，交代他们的偷猎团伙有300余人，仅18日、19日两天，就屠杀了800余只藏羚羊。

俗人克敬悲伤地算了一笔账，原来10万余只的可可西里藏羚羊种群，在不到10年的时间，也急剧减少到不足5万只了。如偷猎者的枪声还在可可西里肆无忌惮地开火，可爱的藏羚羊还有几只能侥幸活下来。

脆弱的可可西里？

脆弱的藏羚羊？

2004年7月25日　西安太阳庙

鳄鱼碑：逆境更显高志

每个城市都有它特殊的记忆，这个记忆非常挑剔，非常狭隘，也就常在人的嘴头上，就像今天，我们每每提起一座城市，总会有人很吝啬地说：西安的陈忠实、贾平凹，上海的王安忆，武汉的熊召政，南阳的二月河……

这个城市所记忆的，都只是最具代表性的人。依着这样一个道理上溯1000多年，提起韩愈，公众舆论同样会说潮州的韩愈。他在那里只待了短短的8个月时间，可他的名字却深深地打上了潮州的烙印，他曾驱鳄的恶溪改名叫了韩江，他曾游历的笔架山改名叫了韩山，即便一种普通的橡树，也因为他而改名叫了韩木，还有以他的名讳命名的昌黎路、昌黎小学等不一而足。

之所以盛誉广播，全在他韩愈是个文化人。如果让他韩愈脱去文化的外衣，仅剩下头顶上的乌纱，这个城市可能就会忘掉他，使他一文不名。而有了文化的衣裳，哪怕这一身衣裳不是特别鲜亮，甚至百般的磨难和困苦，他的衣裳破了一些洞眼什么的，都不要紧，他就会吊在老百姓的嘴头上，一代一代地传播下来。而他如果再做上一些实实在在的事，那就更为这个城市所牢记，所赞美，世世代代，不休不止。

韩愈独享着潮州的这份荣耀。在他之后，是不会有谁再能分享了。然克敬阅史知晓，韩愈所以到潮州来，绝不是他心甘情愿的自选动作，而是他以文罹祸，被朝廷赶出繁华的长安，贬到潮州来的。而他在这里，仿佛回了家一样，大受百姓宠誉，让千年之后的克敬，感到一种啼笑皆非的滑稽，鼓了很大的勇气，才落笔写出这样四个字：因祸得福。

为文为官，一向耿直敢言的韩愈，看来是难免那一场文祸了。他一身中州名士的刚烈和正气，在唐宪宗十四年（819年）担任监察御史时，目睹皇帝佞佛，恭迎法门寺佛骨入宫，朝里朝外，焚香膜拜；外国僧人，纷至沓来，扰扰攘攘，中土顿成佛国。韩愈看不下去了，认为长此下去，国事堪忧，日夜不能成眠，在书案上作《赠译经僧》诗一首，阐发了内心的苦闷。诗曰：

万里休言道路赊，有谁教汝度流沙？
只今中国方多事，不用无端更乱华。

如果韩愈仅只作这样一首小诗，在民间流传也无大碍。可他忍不住了，又写了一份《谏佛骨表》，以奏折的形式上书朝廷，这就惹得事佛心专的宪宗皇帝很不高兴，加之又有一些拍马奉迎的朝臣，跟着宪宗皇帝向韩愈大吐口水，韩愈倒霉的日子就到了。朝廷一纸贬文，韩愈便无法挽救地离开长安，到粤海之滨的潮州做刺史去了。

韩愈不是一个极端的人，对佛教亦然，虽然奏请皇帝攘斥佛理，但绝不是一棍子要把佛家砸了，他的意见无非是别因为尊佛礼佛而忘了国本和民本，把国家耽误了。俗人克敬查阅典籍，发现韩愈在素常生活中，是不排斥与佛门子弟交往的，而且他好像还特别地喜欢佛院僧舍的清静，有事无事都乐意到那里游玩。有一首诗是韩愈做给秀禅师傅的：

桥夹水松行百步，竹床莞席到僧家。
暂拳一手支头卧，还把鱼竿下钓沙。

去秀禅师傅的僧舍里钓鱼，韩愈的情态是多么的率性自在，他陶醉其间，忘了一切。玩腻了，玩累了，便与僧侣抵足而眠。不过，有打呼噜的和尚，会让韩愈受不了。一个名叫淡僧大师的出家人，身材胖大，鼾声即如狂飙，震得牛马亦不思吃草，所垫木枕也欲裂开。“铁佛闻皱眉，石人战摇腿”，即是韩愈在与淡僧大师交往中一起就寝时无可奈何的写照，他甚至起心铲来一簸箕土，压在打鼾人的头上，止了他如雷的呼噜。可是到了底，韩愈又怎么能那样做呢？他是真的喜欢淡僧大师的，而且非常关心僧院的情况，与登门来访的僧侣推心置腹，相谈甚欢，别离之时，还依依不舍，甚而怅然难述：

山僧爱山出无期，俗士牵俗来何时？
祝融峰下一回首，即是此生长别离。

如此说来，韩愈的反佛，是有尺度的，他只是认为佛门中人“髡而缁，无夫妇女子，不为耕农蚕桑而活乎人”，偷懒享乐，对社会缺乏责任感。但是，佛门中又多有知识之士，“佛其面，而儒其心。通达无碍处，往往与《易》、《论语》合……不与孔子异”。这是柳宗元的话，柳在《送僧浩初序》的这段话，最能说明反佛的韩愈与僧人的交往了，尊重知识，崇尚儒学的韩愈，自然地会亲近佛门中的一些有识有为之人了。柳宗元还说：“退之好儒未能过杨子。杨子之书，于庄墨申韩皆有取然。”退之为韩愈的

《永乐大典》中的韩愈像

字，柳宗元虽然认为他的学说，没有杨子汲取的那么杂，却也承认他虽然好儒，但不排斥汲取其他学派的营养，使其终生所学，你中有我，我中有你，韩愈之与佛门中人交游，绝对是他看见了“佛中之儒”的精妙。他在连州做官时，与僧院的和尚惠师便多有往来。惠师不喜欢官府，志在山水之乐。虽然他所主持的僧院贫困到“无一金资”，可太守（韩愈）邀请他坚不登门，更有其他官吏频繁相邀，亦然有请无约。这使韩愈对惠师愈加喜欢，感慨系之，落墨纸上：

吾非西方教，怜子狂且醇。

韩愈乐道人善，三教九流之中，不论是哪一等人，只要有优点有长处，他都不避亲疏，给以充分的鼓励和褒扬。上面所说秀禅大师，以及淡僧大师、惠师等很有知识学问的和尚，成了他的至交好友，还有个极喜鼓琴的颖师，也深为韩愈所崇敬，听其操琴戏鼓时，常常不能自已，潸然泪下，湿了衣襟；另有一个澄观和尚，极富诗才，同时兼具吏才，两人说时论事，趣味十分相投，韩愈便大为赏识，引为知已，并写了一首《送僧澄观》的诗，极尽表达内心的欢悦之情：

皆言澄观虽僧徒，公才使用当今无，

……

人言澄观乃诗人，一座竞吟诗句新。

然而，满脑子朴素唯物主义观点的韩愈，本着国家民族的利益出发，看到朝野上下为去法门寺奉迎佛骨所造成的靡费奢侈，以及劳民伤财的严酷现实，他不能抑制心中的担忧和焦虑，上书《谏佛骨表》，以说理的方式，恳请皇家关心民苦，关注国势，取消十年一次、五年一次奉迎佛骨的活动。应该说，韩愈的表奏没有错，他的出发点和根本目的也没有错。但他却不可避免地被赶出生活富足安逸的长安，远贬到潮州去了。

俗人克敬在2002年的盛夏，有幸去了韩愈昔日遭贬的潮州。一路上克敬在想，上书朝廷谏佛骨的韩愈，还不能说他没有错，他错就错在选择了一个错误的时机，上书了一件不可逆转的错事。因此，他就只有被贬了。当然他可以发牢骚，可以哀叹自己的不幸。这在他被贬官的路上，马过秦岭时留下的诗句就可以品味得出：

一封朝奏九重天，夕贬潮阳路八千，
欲为圣明除弊事，肯将衰朽惜残年。
云横秦岭家何在，雪拥蓝关马不前，
知汝远来当有意，好收吾骨瘴江边。

据说诗中的“汝”，就是韩愈的侄孙韩湘子。俗人克敬对此很有些疑惑，觉得世俗生活中的韩愈怎么就有了一个神仙的侄孙湘子？克敬便猜想1100多年前的韩愈，内心是何等的凄凉，他悲伤地预言，一把老骨头将埋葬在荒蛮的贬官之地了。

韩愈的凄凉和悲伤，有着太多的遭际和理由，年届51岁的刑部侍郎，在朝中也算一个人物了，锦衣玉食，有他享用的，而且他还颇多文名，亦诗亦文，被后世文人目为唐宋八大家之首，在当朝就已十分了得，谁见了他，都会高看一头。这下糟了，从那样的一个高位上一下子流放到荒蛮的边地小州，前途茫茫，生死未卜，再有多么刚强的意志，也是难以接受的，而且他的小女儿，仅仅只有12岁，跟着他一起流放，只走了几天的路程，就病殁在商南境内的层峰驿下！而且他还知道，他的朋友们因为他，也被纷纷贬官，流离失所，他们在京城的住所、家眷以及微薄的产业，同样地随着自己的身动而动荡了。如果不抱偏见，设身处地地体味一下，我们是应该理解韩愈的忧愤和感伤的。

韩愈没有俗人克敬幸运，他被贬谪潮州，一路靠着自己的双脚，跋山涉水而来。克敬走来很便捷，从西安先坐飞机到广州，再从广州坐汽车到潮州，一路经过的揭阳、潮阳、汕头，都是潮州话语区。韩愈那时候的潮州，是蛮荒的、落后的、保守的；现在的潮州，却是繁华的、先进的、开放的，那里有太多中国族群中最善于经商的人。李嘉诚在香港的成功，据他自己称：根在家乡，功在家乡。欧洲的法国、英国、德国等国，东南亚的泰国、新加坡、马来西亚等国，都活跃着一支非常强大的潮汕商帮，他们在总结自己时，也是不无自豪地说：根在潮州，功在潮州。

克敬在潮州小住几日，要离开时，才恍然大悟，潮汕人的成功，其实全都系在了韩愈的这一条根上。

潮州的过去和现在，全都打上了韩愈的文化烙印。

克敬有一页介绍潮州的图册。按图索骥，安排着自己小住几日的行程，早晨起来，随便地在街头摊点上要了几样小吃，饱了口福之后，就去看骑楼。可能有人要问骑楼是什么？克敬像读者一样，也是到潮州才知晓的，南方多雨，商业的南方和人间烟火的南方，便都离不开骑楼的遮挡和串联了。每一家的住宅，每一家的商铺，前门的底层都要空出两三米的地方，缩回去的屋舍或做生意或住人，柱梁顶起的上层，可以任由房主安排，自己用不了的面积，租出去也是一笔收入。总之，在骑楼下行走，任凭狂风暴雨，任凭烈日酷暑，咱们人是淋不着雨，也晒不着太阳的。克敬便不能不佩服潮州人的聪明，把一件简单的事，集体无意识地做得那么周到实用。

太平路的骑楼，或许是潮州城里最长的一条，克敬走着，感到其长度已超过了克敬的脚力和耐心。所留下的进士第和官宦之家，以及伸手可触的老宅子、老门锁和老式的镂刻镶嵌对联，不时地撞进克敬的眼睛，使克敬感到一种叫做人文的东西，在潮州的街巷里涌流着，从来就不曾断过。

克敬当然不能免俗地走了潮州的市中心区。在现代化的名义下，潮州市区扩大了30平方公里，新的潮州大道形成新城区的中轴线，然后延伸、环绕、放射，串联起一幢幢巍峨光亮的现代建筑和现代的花园住宅。但这一切，难掩韩愈对这个城市的影响。

现在的人，作文时首先考虑的是安全性，都怕因言获罪。韩愈那时不太懂这一点，因此他的文章就有了冒险性，他被贬谪了，可他冒险的文章和他的人，都与这个有待启萌的城市相契合，千百年来，他成了这个城市的“吾潮导师”。

从内心来讲，韩愈是带着耻辱、失望和创伤来到这个陌生落后的地方。唐·皇甫湜《韩文公神道碑》谓：“大官谪为州县，簿不治务。”也就是说，像韩愈这样的朝廷大员被贬到地方后，躺倒不干，几成惯例。但“先生临之，若以资迁”。韩愈没有躺倒不干，而且只争朝夕地为地方服务了，8个月时间太短，干的事却不少，现在还为人所津津乐道的就有4件，而每一件都关乎潮州百姓的生活疾苦及长久发展。

这从韩愈所干4件事上可以看得很清楚。

他首先把中原文化带到岭南，推广普通话，任用潮州本地人才发展教育，使得文化落后的潮州到了北宋时便获得全国认同的“海滨邹鲁”的美誉，代有人才出；二是赎放奴婢，把潮州地方流传很远的恶劣民俗强行给予矫正，使天下人皆为人，不受贵贱之辱；三是关心农桑，带领黎民百姓修堤挖渠，既可排涝，又可抗旱，使潮州农桑生产获得大的发展；四是驱逐鳄鱼，为民除害保一方平安。

鳄鱼为害，在今天似乎已说不过去，高度文明的社会舆论是：地球上不能只有人。人必须善待动物，和一切动物和睦相处。克敬在写作这篇文章时，剪贴了《广州日报》2004年7月19日的一篇文章，介绍了一位名叫史蒂夫·厄文的澳大利亚人，从父辈手里继承了一套捕鳄的手艺，很会与鳄游戏舞蹈。他也是出于保护鳄鱼的目的，与人到南极洲拍摄了一部专题片，立即引起世界动物保护组织的发难，认为他与专题片中野生的海豹、企鹅等动物距离太近，会严重伤害这些动物的生存环境。特别是专题片中，史蒂夫·厄文与鳄鱼摔跤打闹的镜头，更使动物保护主义者愤怒，指责他虐待鳄鱼，抗议澳大利亚政府无动于衷，不对史蒂夫·厄文采取法律措施。然而在韩愈贬谪潮州的那个年代，鳄鱼危害百姓生活，是不好讲动物保护法的，必欲驱除之而后快。

东打听，西打听，沿着如今名叫韩江、当年还叫恶溪的河流而行，便看见了江边的那一座古碑亭。驻足仔细观看，见亭内有一石碑，碑下压着一条鳄鱼石雕。不用多问，克敬知晓这该是潮州的百姓，为韩愈驱鳄除害而建立的功德碑亭了。

韩愈初到潮州任上，即获知鳄鱼危害百姓的种种恶行，并获知当地的黎民百姓，因为继承了远古的迷信传说，尊崇鳄鱼为水中神灵，每遇鳄鱼成灾时，都要向江水里投放牛羊猪狗等生灵，祈求鳄鱼饶恕生民的罪过。韩愈不信鳄鱼为害是人的过错，他一向尊重孔孟的儒道，反对鬼神的玄学，便不顾身家性命的危险，不知疲劳地日夜游说于江水边上，宣传除鳄才是安居乐业的良策。韩愈的苦口婆心，终于把潮州百姓从畏惧“江神”鳄鱼的迷信桎梏中解放出来；为了动员更多的百姓参与到这一兴利除害的活动中去，韩愈还写了一篇祭《鳄鱼文》的檄文，张贴在潮州的街巷之中，全然消除了民众的恐惧心理，齐心协力驱除鳄患。有驱鳄檄文的字句为证，不信鬼神的韩愈焉能“低首下心，为民吏羞，以偷活于此”，他号召潮州百姓：“夫傲天子之命吏，不听其言，不徙以避之，与冥顽不灵而为民物害者，皆可杀。刺史则选材技吏民，操强弓毒矢，以与鳄鱼从事，必尽杀乃止，其无悔！”

克敬手抚耸立韩江畔上的鳄鱼碑，回想着韩愈当年驱除鳄患的壮举，深感一个遭遇贬官不幸的文人，不改为民兴利除害的情怀，这需要多么宽阔的胸怀啊！

以驱除鳄患为机遇，韩愈还率领潮州民众兴修水利，筑坝修渠，给生活技术封闭落后的潮州大地，带来五谷丰登的华年。潮州百姓感恩他，怀念他，自发捐款，为他立起了这座鳄鱼碑。克敬阅读着碑上“功不在禹下”的五个大书的碑文，深切地感知到鳄鱼碑的独特及其影响，超越了时间与空间的局限，成为潮州人民，乃至全体中华人民的一个巨大的精神财富。

也许驱除鳄患对于韩愈来说，较他接着要做的一件事要容易一些。尽管大唐一朝，还属于帝王世袭的封建社会，但在唐律中，已有了不许“纳良为奴”的律条。但其时的粤东岭南，山高皇帝远，仍然不顾唐律的规定，盛行买卖奴婢的恶习。地方志上记载，“其荒阻处，父子相缚为奴”。译成今天的白话文，就是在饥荒困厄之地，有钱人家可以一根绳子把一贫家人口串联起来，买回家来为奴。对于这样的恶习，韩愈又焉能坐视不管，可是管起来又非易事。驱除鳄鱼，虽然困难，但鳄鱼毕竟只是江水中没有头脑的低级动物，而要解放奴婢，特权拥有者却都是有着极强思维能力的大活人。韩愈知难而上，大刀阔斧，不给盛行粤东千年的这一恶习喘息的机会，一举扫除干净。

然而不论韩愈在潮州怎样不顾自己的伤痛，而把黎民百姓的疾苦放在自己的痛苦之上，拿出全部的精力和气魄，为朝廷分忧，为百姓解疼，可他还是不能被朝廷所理解，在潮州主政8个月后，又一次被贬谪到袁州受难去了。

站在鳄鱼碑亭里，俗人克敬看着滔滔滚滚的韩江水，不禁百感丛生：天下文人，多如天上星斗，但将高度理性和超人的文采集于一身者，可谓寥寥无几，像韩愈这样，两者兼备者，堪为神州大地上的昆仑泰山！

身在潮州，俗人克敬不能不被韩愈所吸引、所感动，明白了一个文化人的境界，重要的不是“文起八代之衰”，而是“道济天下之溺”。与此同时，俗人克敬还感动潮州这个城市，那么的有感情、有记忆，其感情和记忆甚至到了迷信的程度。一介文人的韩愈，在他们心中越来越脱出了人的躯壳，而披上了神的霓裳。他似乎从不曾离开潮州，就在韩江边，就在韩山上，看顾着知恩图报的潮州百姓，与他们同甘苦、共哀乐。

2004年8月5日　西安后村

寒晖碑：山河不屈的吼声

贾平凹先生主编的《美文》杂志，在全国首倡大散文的概念，俗人克敬是大为赞同的。记得在1984年的春天，先生到扶风县讲学，与顶着一头小麦花的俗人克敬相识，傍晚用餐，简单的几个西府民间小菜，凉拌豆腐丝、红油猪头肉、青红萝卜片，一筷头一筷头地吃着，还有酒（那时的贾先生还是能喝两盅的），也一小口一小口地喝着，说的是乡间的典故旧事，谈的是社会上的异闻趣事。吃罢了，喝毕了，撤去桌子上的碗碗盏盏，铺上宣纸，请贾先生写字，他也不客气，提笔运气，在三张四尺的生宣上，不歇气地写了近1000字，一旁扯纸调墨的克敬，禁不住一字一句地读出声来。贾先生书写一毕，自己也读了一遍，克敬和着先生浓重的商州口音，跟着又读了一遍，觉得那就是一篇绝妙的美文！

原谅克敬不能把贾先生所书文字照录下来，太长了，照录下来克敬的文章就没法写了，但其大意，俗人克敬有必要交代一下。贾先生着力鼓吹秦汉文化精神的大气，而贬斥明清文化气象的精巧。有机会去了贾先生在西安南郊的住宅，俗人克敬惊讶他的言行是那么的一致，三室一厅的格局，卧室一间，书房一间，画室一间，所有的空间都被他的收藏填充着，想要插一只脚都很困难。克敬就感慨了，感慨他收藏的丰富，同时又感慨他收藏的单调。所谓丰富，只是数量上的一个概念；所谓单调，就是品相上的概念了。那么多的藏品，除了秦砖汉瓦及瓦罐外，就是几件当代木根艺术品，至于明、清的瓷器，确实细巧精美，却难在他的收藏中找到一件，因为贾先生根本不去留心绚烂多彩的明、清两朝瓷器。这就是贾先生，他无时无刻、无所不在地彰显着他的大散文主张，就连收藏亦不例外。

应该说，贾先生主编《美文》十数个年头，已经很好地实践了他的大散文主张，不拘一格，不薄人物，是好文章，拿来就发，培养扶持了一批散文大手笔及散文大作品。仅此还不能令贾先生满足，视野放得更开，眼光看得更远，于2001年又创办了《美文》少年版，重视对青年学生的写作锻炼，与此同时，还与商界精英一起，出资在暑假的时候，进行“全球华人中学生作文大赛”。2004年的暑假，又请来余秋雨、顾振彪、程永新、谢有顺……另加俗人克敬及高经纬、张可伦两位出版行家和教育能手，组成评委会，主持第三届的评奖。

开幕式安排在陕西师大附中科技馆的演讲大堂。2004年7月29日下午，从世界各地踊跃参评的15万多中学生里选拔出的51位小作者列队步入大堂，准备进行现场写作。其时，由陕西师大附中高一年级同学组成的歌咏队，早已恭候在里边了，清一色的白短袖衬衣和藏青的短裤短裙，映衬得歌咏队员都是那么的凛然肃穆。只听竞赛主持人一声“开幕”，便有一位老师模样的女同胞起头唱了起来，接着便是几十张嘴跟着一起唱，声音低沉压抑，如泣如诉，克敬听得出来，歌咏队唱的是《松花江上》：

我的家在东北松花江上，
那里有森林煤矿，
还有那满山遍野的大豆高粱。
我的家在东北松花江上，

那里有我的同胞，
还有那衰老的爹娘。
“九一八”，“九一八”！
从那个悲惨的时候，
“九一八”，“九一八”！
从那个悲惨的时候，
脱离了我的家乡，
抛弃那无尽的宝藏，
流浪！流浪！
整日价在关内流浪！
哪年哪月，
才能够收回我那无尽的宝藏？
爹娘啊！爹娘啊！
什么时候，
才能欢聚在一堂？

悲愤的，但又不失昂扬的歌声，在座无虚席的大堂里久久地回响着……克敬的思绪，不能逆转地跟随歌声，回到了中华民族遭遇日寇侵略的残酷岁月，那时候，举国传唱《松花江上》，唱出了全体中国人抗击日寇的义愤和决心！唱出了全体中国人抗击日寇的团结和精神！

克敬知道《松花江上》的词曲作者是张寒晖，但不知道张寒晖是在陕西师大附中（原西安第二中学）任国文教师时创作的。陕西师大附中的高一歌咏队让克敬知道了这一事实，克敬的心激动了，在主席台上跟着歌咏队的节拍，也大声地唱起了《松花江上》。

现场竞赛的作文题发给了51位参赛选手。赛场上静悄悄的，只听得见选手笔走龙蛇的轻响。克敬轻着脚步退出来，在陕西师大附中的院子里漫无目的地走着。到处都是鲜花，到处都是草地，如今的陕西师大附中校园是那么漂亮迷人，这是和平环境所不可缺少的。克敬便想，张寒晖所处的那个时代，这里能这么漂亮吗？克敬自己先摇头了，兵荒马乱的日子，什么都会改变模样，这是一个不争的事实，但仁人志士的心血和骨肉不会改变。太阳的光亮很好，微风轻轻地吹着，有一团白如棉絮的云朵，悠悠地飘临头顶，克敬便有了一时的恍惚，仿佛看见了张寒晖，穿着一身打了补丁的长衫，在绿草茵茵的校园里走动……克敬抬手揉了揉眼睛，张开再看时，果然就看见了张寒晖，当然克敬敬仰的张寒晖已从当年的国文老师，成了陕西师大附中校园里的一尊雕像。

花岗岩的基座上，阴刻着张寒晖的生卒年月和他在这里创作的《松花江上》词曲，他的半身雕像庄严地沐浴在校园的阳光下，他在倾听青年学子唱着他的《松花江上》，他的心应该是欣慰的。

从河北保定市一个小村庄走出来的张寒晖，1919年在保定高等师范附中读书时，就开始了白话诗和剧本的写作。1921年考入北京人艺戏剧专科学校，后又考入北京艺术专科学校戏剧系，其间加入中国共产党，曾组织“五五剧社”，并任该剧社主办的《戏剧》周刊主编，同时参加了反对反动军阀逮捕进步师生的斗争。抗日战争爆发后，他两赴西安，先任西安民众教育馆总务主任，后在西安二中和竞存学校任教。1937年在西安二中完成了歌曲《松花江上》的创作。

那个时候，日本侵略军占领了东北三省，几十万东北军和人民流亡关内，西安的街头，就有大批衣不遮体、饿着肚皮的东北流亡者。张寒晖耳闻目睹了他们悲苦的声音和惨痛的影像，不能抑制心中的愤懑，着手创作《松花江上》。他的好朋友姚一征在怀念他的文章中介绍，“他是噙着眼泪去写的”。一边写一边唱，“唱到‘从那个悲惨的时候’时，他们两人都以泪洗面了；以后简直是字字血泪。写唱到‘爹娘啊’时，他竟呜咽得唱不出来了”。

竞存学校办在关中西府的凤翔县纸坊街，学生大都是东北军和东北流亡者的孩子。张寒晖的《松花江上》，唱出了他们的伤痛和悲愤，他因此受邀，于1938年冬，踏着渭北高原的积雪，风尘仆仆地到竞存学校任教去了。在那里，张寒晖又创作了竞存学校的校歌。歌曲收录在了新版的凤翔县志上：

清流的溪畔，
纸坊街头团结着一群流浪的儿童，
……
居住在破庙，
饮食在露天，
身穿着破旧的绿军衣，
……

张寒晖像

竞存学校的艰苦环境，跃然在张寒晖创作的歌曲里。但是，环境的艰苦，更激发人们的斗志，有十百学生，唱着竞存学校的校歌，毕业后走上了打击日寇、争取民族解放的火热战场。

身体义弱的张寒晖，也许扛不了枪，打不了仗，但他创作的歌曲，是比枪弹还要锐利的武器，在日伪占领区，张寒晖的歌曲是禁唱的，而在抗日的最前线，还有大后方，他的歌曲唱得最响亮。熟悉张寒晖的人都知道，他的枕头就是一个小布包，里边保存的都是他为抗战创作的歌曲，除了《松花江上》，还有《抗日军进行曲》、《游击乐》、《老百姓抗日歌》

等近20首。此外，还有一些动员群众、宣传群众的歌曲，其在竞存学校任教时，就创作了一首《纸工歌》，以凤翔民间《莲花落》的传统曲调，采取男女对唱的方式，含蓄幽默的词句，巧妙地开展救亡图存的宣传。

凤翔县的纸坊街，素为关中有名的造纸村，“家家纸墙竖，户户碾砣声”。街上人家，还都传承着蔡伦老祖的造纸术，将烂麻、破布、树皮等物，经过剁、泡、碾、沤、洗、砸、打、搅等10多道工序，制成纸浆，再经捞、压、晒，制成大家所说的麻纸，或曰斗方纸，糊窗户、裱顶棚，绝对是好材料，但却不能书写。突然的一所竞存学校办在街上，上千名老师学生，所需纸张一下成了困难，怎么办呢？还是写抗日歌曲的张寒晖，建议学校开展生产运动，自己动手创办纸厂。说干就干的张寒晖，当下深入街上的造纸作坊，调查论证，翻阅资料，与几位普通的造纸工人一道，探索改革造纸工艺，开辟造纸新途径。土法上马，锅、碗、盆一齐上，把当地来源广泛、价格低廉的麦草作为基本原料，经过三个月夜以继日的试制，到民国二十八年（1939年）5月，终于制造出纸坊街造纸史上第一张黄色宽面纸。这种纸钢笔、毛笔书写不洇，顿时解决了学校办公、讲义、笔记的燃眉之需。

家在西府的俗人克敬，有几位凤翔县的朋友，说他们那里的人至今念念不忘张寒晖，说他的身上燃烧着一种火，走到哪里，都会把歌声带到哪里，都会把光明带到哪里。随后的一段日子，张寒晖还用旧布鞋、旧棉絮为原料，相继制造出白、绿、灰几种不同颜色的新型宽幅纸，并很快在纸坊街上的造纸作坊推广开来，畅销陕、甘、宁、青、新等。学校的师生和纸坊街上的老百姓都感激他，就把新造纸高兴地起名为“寒晖纸”。

竞存学校的师生热爱张寒晖，纸坊街的老百姓欢迎张寒晖，然而却有一股反动势力，不顾民族存亡和国家的利益，千方百计地加害张寒晖。凤翔县志收录了一首东北著名人士、竞存学校校董车向忱的诗，证明了当时的恶劣环境，是何等的残酷。诗曰：

十年斗争为竞存，魑魅魍魉不离门，
动辄到校逮先生，转瞬学生又失群。

为了保护张寒晖，1944年在共产党地下组织的掩护下，他北上延安，担负起陕甘宁边区文化协会秘书长的职责。

在延安，张寒晖抱病又填词创作了60多首革命歌曲。他的身体太弱了，终于久病不起，于1946年3月11日病逝在延安的宝塔山下，安葬在延安的文化山上。前一年，俗人克敬有幸到延安学习，约了两个朋友，一起到文化山上凭吊先烈，看见了张寒晖的墓冢，和竖立在墓冢前的红砂石墓碑，克敬遗憾那座墓碑太小了，仅有一米多高的样子，但克敬感动碑上的石刻文字：人民艺术家——《松花江上》作者张寒晖之墓。

克敬伸出手指，顺着碑文上的每一个字，逐笔逐划地触摸，蓦然感觉到一股血流的涌动。张寒晖是不死的，他和他的《松花江上》，将永远嘹亮在中华民族的心头上。

参加《美文》中学生作文大赛的选手，陆续地走出了写作现场。他们也许受到赛前歌咏队演唱《松花江上》的影响，出来后都走到张寒晖的雕塑前来，凝望着人民音乐家坚毅庄严的神情。克敬很随意地与小选手们交谈着，知道这一届的作文题，有一个是关于狼的争论。这个争论起因于深圳市的一所小学里，学校老师在校园里竖起了一座狼群雕塑，并提出要对学生进行“狼”的教育，而反对“羊”的教育。

这个题出得太好了。

俗人克敬的神经感到一种振聋发聩的震颤。是夜，身为评委的克敬，埋头在竞赛作文里，敏感地捕捉着作文中的灵感和才气。叫克敬眼睛一亮的是那篇编号为37号的作文，借用了贾平凹先生广受赞誉的一部长篇小说的题目：怀念狼。其中的一段话，也许是小选手自己杜撰的，也许是小选手引用的，不论是杜撰还是引用，那段话让谁读了，都会有一种心惊肉跳的震撼。那段话是：

日本老师在课堂上拿出一只苹果，问他的学生想不想吃，学生都举起了手，高喊想吃。老师把苹果收了起来，告诉他的学生，想吃到中国去拿。

中国的苹果就那么好拿吗？俗人克敬的心颤抖了，不知道会是怎样一个结果。但克敬欣幸我们的孩子，在他们的作文里传达了一个令人振奋的信息：在过去，中国的苹果可能好拿一些，但以后，谁想毫无道理地再伸手，苹果拿不去，还要斩下你的手，沤烂在苹果树下，肥了我们的苹果。

2004年8月7日　西安后村

家训碑：身教胜于言教

甲申年阳历6月末的一天，俗人克敬陪同《随笔》杂志主编杜渐坤、《散文》杂志主编张雪杉去韩城的党家村游历。这个昔日亦农亦商的村落，把自己的旧民宅保护的那么好，如“活化石”一般，十分完整地展现出世人已很少见的村社文明形态，我们沉浸其中，几乎不能自拔。在一户又一户还住着人或已不住人的古宅院里去探访，俗人克敬意外地发现，几乎所有的住家，都在他们四合院的上房和偏厦之间的隔墙上，或石刻，或砖雕，镶嵌着一块块规模不等的家训碑，雕刻的文字有阴有阳，很见功夫，搭眼便知道全为当时的名家之作，其中还有清朝初年韩城状元王杰的手笔。所书文字，也极耐人寻味，在一家看到的是：

志欲光前，唯以诗书为先务；
心存裕后，莫如勤俭作家风。

另走一家是：

动莫若敬，居莫若俭，德莫若让，事莫若恣；
傲不可长，欲不可纵，志不可满，乐不可极。

再走一家又是：

无益之书勿读，无益之话勿说；
无益之事勿为，无益之人勿亲。

还需要再录下去吗？那将是一串没完没了的事情，俗人克敬就只有打住了。感觉这样的家训碑，不仅内容好，书法雕刻好，而且与住宅建筑融为一体，实在是一件绝妙的构想，到今天也是值得人们借鉴的。如此，便形成一种浓郁的文化氛围，置身其中，耳濡目染，自觉不自觉地都会被熏陶、被影响。

听村上土生土长的导游小姐告诉我们，他们党家村很早就办起了私塾，一些祠堂也被用作学舍。一时之间，“读经读史读文章，入村时闻琅琅声”，日久天长，“直教生监户户有，举贡高科代代登”，收到了非常好的效果。

科举制度废除了，而崇尚文化的流风遗韵依然在村子里流传着。民国初年，村里的维新举人贾乐天创立韩城第一所新式学堂，自任劝学所所长，督设建立乡村小学百余所。《在历史巨人（毛泽东）身边》的作者师哲，即为其学生，后又成了他的东床快婿。贾乐天的孙子贾幼慧，清华大学毕业后，奔赴美国学习炮

家训碑

兵，抗日战争中多有战功。民国期间，村里有大学、各类军校毕业生近30人。新中国成立后（剔除“文革”十年），1000人的村子，就有140多人考取省内外的大学深造，其中考进北京大学和清华大学的学生就有3人。

小导游的讲解兴致勃勃，眉飞色舞，我们也听得兴高采烈，赞许不已，猛然抬起头来，就看见了村子东南角的文星阁。高一十二丈有余，六棱六层塔形建筑的文星阁，是党家村人眼睛里的大骄傲，俗人克敬走南闯北，多见县一级的城池里建有象征文运的文星楼，而像党家村这样的谷地小村，也建文星阁，实在是寡闻少见，绝无仅有。“文革”时，有外地来的红卫兵砸四旧，企图摧毁党家村的文星阁，但被闻讯赶来的乡亲们保护下来了。

乡亲们现在可以骄傲地对人讲，他们保护下来的文星阁，就是他们党家村世代不绝的文脉和文运，有文星阁在村头高耸，他们党家村崇尚文化的风气就会高涨。村里人也真会与时俱进，近年在扩大村里学校规模时，巧妙地把文星阁圈进了学校的院子，到我们去文星阁参观时，看到许多学生，围绕着文星阁，或蹲或坐，人手一书，听得见有背语文课文的，有背数学公式的，还有吱哩哇啦背英语单词的……党家村，一个古老的崇尚文化教育的村落。

别离党家村后不久，俗人克敬有幸去了一次山西祁县的乔家大院。与陕西韩城的党家村隔着一条黄河的两个村落，其建筑和文化形态有着惊人的相似，特别是镶嵌在上房和偏厦之间的家训碑刻，所书文字也同样地一脉相承，不外乎住家过日子，要懂得忍耐礼让，与社会人等交往，要显得直率诚恳：言有教，动有法，昼有为，宵有得，息有善，瞬有存；心欲小，志欲大，智欲圆，行欲方，能欲多，事欲鲜等，不一而足。

就在俗人克敬的眼力感觉疲劳时，蓦然看见了这样一个“六不准”的家训条规：不纳妾，不赌博，不嫖娼，不吸鸦片，不虐仆，不酗酒。在建筑雄伟、结构精巧、美不胜收的乔家大院，目睹这样严厉的家训，谁能不为之凛然起敬呢？在当时的社会，对一个钟鸣鼎食的豪富之家，能够做到家训所要求的那样，实在是太不容易、太难能可贵了。克敬便想，这该是他们乔家六代不衰、兴盛百年的秘诀了。

乔家的规矩，不仅表现在严厉的家训上，还表现在他们生活的严格操守和用度上。

先说他们乔家大院的布局，便极为讲究，从大门口踏入第一进院，就节节向上，至第三进的后院，不知要上多少个台阶，所取是一个“步步高”的吉祥口彩。这就到了结婚的喜房内，墙上置箭，意在“一见钟情”；炕上设鞍，意在“岁岁平安”；谈生意的客堂，摆放的是两把旋转圆椅，提醒落座的客主应灵活变通，不可因小失大错了主张。婚事讲究，丧事更不能马虎。寿衣既无领又无扣，着意不要领走或扣走小孙辈的福分；遗体旁边置铁块或石块，着意“莫回头了，铁石了心肠往前走吧！”这就是乔家人的风格和气度，一切都不藏着掖着，既通率，又直露，就像他们那里的民歌唱的那样：

哥哥背妹妹，快活一辈辈。

这些都是乔家人富裕所不能缺少的。然而，最初的发迹却不是这么快活，甚至还有些窝囊。其老祖乔贵发因贪受累，单身闯口外，从经营豆腐、烧饼起手，几十年下来，便在内蒙古的包头市开出了商号。到了第三代乔致庸手里，资本日雄，组建了更大规模的商号“复盛公”。由于对包头市的市场繁荣及城市扩建起了推动作用，一时竟有“先有复盛公，后有包头市”的传说。乔家人以包头为据点，把生意从黄河北草原一直做到了长江南水乡，资财积累达白银1000万两之巨。庚子事变，慈禧偕皇帝西逃。途经祁县，向乔家大院借款，乔家出手就是40万两。“六不准”的家训，就是从这时提出来的，这是乔家人的大聪明，既然已经富可敌国，就不能不有所收敛，这是一种很好的自我保护，更是一种很好的自我防范。

乔家人对他们提出的家训，不只是雕刻在墙上，而且落实在行动上。他们数代几十个子弟，据说只有一人因种种不可能纳娶一妾外，其他人基本都模范地履行着家训的规定。特别在对待雇工上，凡是在乔家生意场上忙碌的人，月月有例规，三年一总结，不论大柜上盈亏增蚀，一般都有分红。故其雇工都极安心本职，尽心尽力于生意场上。

与自己有着生意往来的人家，一旦有了合作名帖，不记亲疏、不记利害，都会忠实履行。如果对方一时拮据，也不轻易催账逼债，相反还会帮助他们总结得失，支持他们东山再起。即便少数扶不起来的没落户，欠账难还，也不要紧，过年时到府上去磕个头告声礼也就过去了。

如今，乔家已经很少有生意场上人。但俗人克敬以为，他们所树立的治家训诂，不失为我们中华文明的一个宝贵遗产，依然有其继承和发扬的积极意义。

不仅党家村的人家，乔家大院的人家，为他们的子孙们，树立起严格规范的家训条例，许多旧时的那些香火旺盛、久盛不衰的大家望族，也都有他们自己的家训和家规。记得那一年去合肥的包公祠观光，就看到了那条著名的包拯家训：“后世子孙仕宦，有犯赃滥者，不得放归本家；亡殁之后，不得葬于大茔之中。不从吾志非吾子孙。”家训家规就是这样，字句都颇具重量，规训明确，重点突出，简洁实用，不容违谬。

俗话说得好，“国有国法，家有家规”。家规（亦即家训）者，依俗人克敬的理解，实际上是对国法的一种补充和延伸，是在国法允许的范围内，结合自己的家庭实际，制定出的一些操行守则。因此可以说，国法重要，家规也不可无。现如今，党纪国法规定，为民公仆者，都要首先管好自家人，树立起良好的家风和家规，不让子女躺在老子的功劳簿上享乐，让他们经风雨，见世面，贡献社会，建功立业。

俗人克敬就不能不多说几句，奉劝那些希望自己的事业能兴旺发达代代相传，希望自己的子孙出息明达有所作为，就不要想方设法甚至不惜违法乱纪，钻进钱眼里不出来，而是应该树立淳厚的家风，建立明哲的家规，并使其发扬光大，才是“为之计深远”的根本保证。

2004年8月13日　西安后村

将军碑：英雄冤魂照千秋

374年前那个日影将斜的中午，与满清战斗多年，立下赫赫战功的袁崇焕被那个刚愎自用、年轻多疑的亡明皇帝朱由检判令磔刑，押在北京城的菜市口，正由刽子手一刀一刀地割取着身上的肉。身穿红色行刑衣裳的刽子手特别地肥胖，与驰骋疆场的袁崇焕形成很大的反差，忧国忧民、身心憔悴的袁崇焕是那么的瘦，薄薄的皮肉像是糊在骨架上的一层麻纸。因此刽子手在他的身上执行磔刑，显得颇不容易。一把锋快的小刀，有许多次剐得太深，剐到了骨头上而不得不退出来复剐，这使手艺娴熟的刽子手颇为不快，恨不得一刀捅了袁崇焕。但他不敢，皇帝判袁崇焕磔刑，是最残暴的一种，要求刽子手在袁崇焕身上割下1180刀肉片子（是所谓千刀万剐），才能让袁焕崇丧命，剐不够那么多肉片，使受刑者袁崇焕死去，皇帝不会答应，京城的老百姓不会答应，他刽子手也不会答应。有什么办法呢？刽子手只有暂时压一压心头的怒气，把活儿做得更细一些。

果然，刀子就很听话了。从袁崇焕的两块胸肉上割起，刽子手割得很有耐心，很有章法。剐下一片肉来，还要凑到鼻尖上嗅一嗅，“呸”地吐一口痰，扔到一边去。行刑台的四围都是人，所有的人都义愤填膺，怒骂不休……有从袁崇焕身上剐下的肉扔过来，便都奋不顾身地抢到手，也不嫌生，也不嫌刽子手的唾沫，塞进嘴里啮咬啮咬就咽进肚子里了。

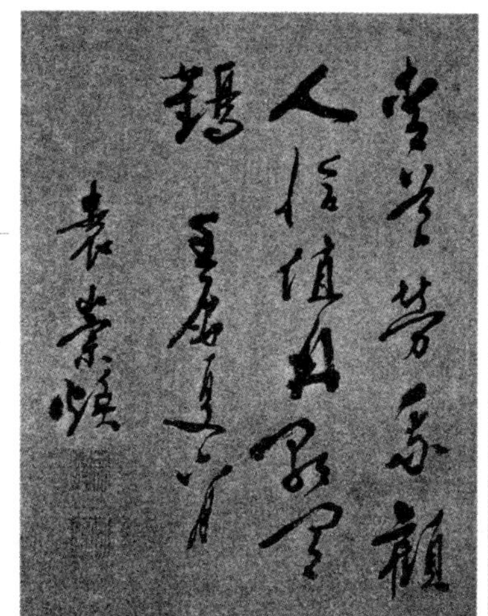
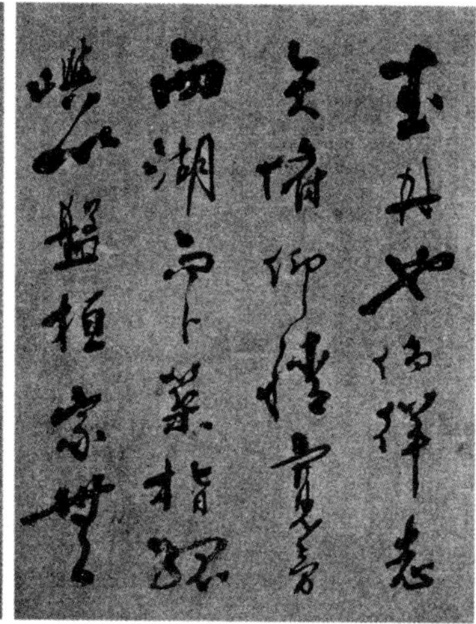

袁崇焕书法

一些性急的人，还跳到行刑台上，自己从袁崇焕的身上咬一口肉吃将下去。到最后，只剩下一副骨头架子和血流泼泼的动脉血管了，袁崇焕还活着，两只眼睛大睁着，看着争食他肉的众人，觉得有泪热烫烫地流出来了，却一滴也未见到。

袁崇焕是个没有眼泪的硬汉子。这一点是没有错的，祖籍广东东莞的进士袁崇焕，在福建邵武县做了3年知县，这就到北京述职来了。他是一个慷慨有志的人，公务闲暇，常习兵书武略。特别关心辽东守备。恰在其时，后金首领努尔哈赤挟萨尔浒大战胜利的势头，一鼓作气，相继攻克开原、铁岭，灭亡了叶赫，接着又攻占了辽东重镇沈阳和辽东首府辽阳，使辽河以东70多座城池，迅速变为后金领地。野心勃勃的努尔哈赤仍不善罢甘休，继续挥师西向，利用明朝降将做内应，没有开战，就取得战略重镇广宁。朝廷闻讯，一片慌乱。只有新近提拔的兵部职方主事袁崇焕，单枪匹马来到山海关外，考察形势，归来后向朝廷报告：只要给我兵马和军饷钱粮，我就能担负起防守辽东的大任。

也是朝廷惊魂未定，束手无策，正愁无人敢赴前线救急，有袁崇焕自告奋勇，当下越级提拔，颁旨他监军关外。

袁崇焕果然不辱使命，驻军宁远，与后金军队打了几场硬仗。特别是在1626年的宁远守城战中，袁崇焕身先士卒，炮击后金大军，还把努尔哈赤炸成重伤，被迫撤军，于同年八月去世，大大地延缓了满人入关的步伐。

然而袁崇焕的日子并不好过。与继承汗位的努尔哈赤第八子皇太极在宁远和锦州两线交战中，又一次取得大捷后，却被朝中阉党诬陷罢官。不久，熹宗死，他的弟弟朱由检即位，是为崇祯皇帝，除掉了魏忠贤后，又起用袁崇焕督师辽东。但是生性多疑的崇祯皇帝，并不特别信任袁崇焕，这一点正中皇太极的下怀，筹谋离间计，先是差人在京城散布谣言，说是袁督师（崇焕）私通后金，阴谋反叛，后有两个被俘的太监，夜听皇太极的副将高鸿中、参将鲍承先的神秘议论，袁督师（崇焕）与皇太极早有密约，屠杀崇祯皇帝迟早可成。两个太监“侥幸逃脱”，把偷听之言告诉崇祯皇帝，于是以与袁崇焕商议军饷为由，在朝堂之上诱捕了袁崇焕。窝了一肚子火的崇祯皇帝也不听袁崇焕的自我辩护，毫无道理地磔刑处死了袁崇焕。

从此，明朝廷臣再无王佐之才。

痛哉！悲哉！俗人克敬顿然感到心头的鲜血像要燃烧起来似的。觉得在北京菜市口行刑的刽子手，每在袁崇焕的身上剐一块皮肉，就是在御敌抗辱的长城上自毁一块砖石。袁崇焕蒙冤倒下了，大明朝的万里长城也倒下了。

这是袁崇焕的悲剧，更是崇祯皇帝的悲剧。

俗人克敬读史知晓，从袁崇焕之后山海关一线八镇几十万精兵，不及皇太极区区几万人马，任其自由出入关隘。而洪承畴、祖大寿等尚能统兵的人物，又纷纷以重兵要地拱手降清，等到从陕北起兵造反的李自成，一路奔杀兵临北京禁苑，可怜欲有作为的崇祯皇帝，垂发覆面，自缢于后宫煤山上的那棵古槐之下。后金兵马乘机入关，杀退胸无大志的农民起义军，再灭腐朽没落的朱明王朝。到现在，才有我们坐在电视机前，品着香茶，嗑着瓜子，兴味盎然地看着雄才大略的康熙大帝、风流倜傥的乾隆皇帝以及阴谋诡秘的慈禧太后。

当然也有袁崇焕冤案得以昭雪的日子。

在袁崇焕死后150年，清人根据《清太宗实录》编写《明史》时，终使袁崇焕的冤屈大白于天下。幸好在菜市口为袁崇焕实施磔刑时，围观百姓“广受蒙蔽，指忠为奸，以分食其肉而大快”的人群中，有一个姓佘的义士，强忍着内心的愤怒，抹去脸上的眼泪，趁着夜深把悬挂在北京城楼上的袁崇焕头颅取走，掩埋在自家的后院里。

佘姓义士原为袁崇焕军队里的一名步将。他安埋好将军的头颅后，还立下一条祖训，要求他的后辈儿孙“不能为官，不能回广东老家，祖辈（为袁将军）守墓”。自此，袁崇焕魂有所归，佘义士默默相伴亡魂。这一相伴，居然传世17代，整整374年。想一想，一户异姓人家，能这么忠贞不贰地坚守下来，该是怎样的难能可贵。

正是因为在中央电视台的节目中看了佘氏家族的忠义之举，俗人克敬于2002年的秋末时节，利用赴京出差的机会，到地处北京广渠门的袁崇焕墓地游览。墓区在北京市59中学校的操场一角，学生娃娃的戏闹喧嚣声，使纵横沙场一生的袁崇焕，死后不至太寂寞，有这样的福分，冤死的袁崇焕是该有一点安慰了。

水泥箍成的一个馒头形坟包，的确是小了点，而旁边还有一座更小的坟包。俗人克敬不晓得哪一个是袁崇焕的墓，哪一个又是佘义士的墓。在墓前的石碑上寻找答案，这才明了大一些的坟包是袁崇焕的头颅冢。高不过两米的碑石，显然经过了一番新的修复，中间断裂的痕迹是用水泥胶粘上去的，上面题刻的文字虽有缺损，但字字规整，并不影响肉眼辨识，居中竖刻的一行大字是：

有明袁大将军墓

落款处可知石碑敬立于清朝道光年间，这使俗人克敬大为惊疑，不明白那样一位英勇抗清的明朝大将军，何以会受满人如此宽赦和敬重，允许人们为袁崇焕立碑纪念。深秋的风在这个艳阳高照的上午，显出一种少有的温暖。俗人克敬的眼神在将军的碑石上有了一个瞬间的迷离，忽然便明白过来了：一个人，如屈死的袁崇焕，只要他是忠勇诚信的人，他是赤诚爱国的人，他就会得到人们的爱戴，一时的蒙蔽不要紧，真相大白的日子，人们会更抱愧负罪地热爱他，即便是他的对手和敌人，也不会例外。

将军的石碑前，还有一个不大的石雕祭桌，有一束干枯了的花草，被风不知什么时候吹到了地下。克敬弯腰拣起来，连同自己包里准备的3个苹果，一起供在了祭桌上。刚才还在操场欢奔乱跳的学生，在一阵急促的电铃声后，迅速地回到了教室里。小小的将军墓园，现在便只有克敬一个人，默默地在矮小柏树环绕的墓园踱着碎步，思想上倏忽一片空白，竟然有了一种不知身在何处的感觉。

尽管有明媚的秋阳当头照耀，可是从蒙古草原吹来的风已有了些许冷意。俗人克敬搓了搓手，思维渐渐有所恢复，知道为将军守墓的佘氏家族，有一位第17代的传人，佘幼芝就住在这里，便想着找她聊聊，从墓园出来，在周遭问了几个人，却都摇头回答不知道。眼前有一片拆得破破烂烂的废墟，残砖烂瓦之上，有一位白了头发的老人，静静地站在上面，俗人克敬走到他跟前，这才问出了佘幼芝的下落。老人说他和佘幼芝原来是邻居，十几户人家，在一起住了几十年了，来了施工队，说搬就都搬走了，东一家，西一家不晓得搬到什么地方去了。

克敬就只有遗憾了。守护了将军墓374年的佘姓一族，什么样的艰难险恶都经历过了，难道说到了社会显著文明、经济空前繁荣的今天，佘家传人佘幼芝却要抛下祖训，远离将军墓而居住他处？克敬不知道佘幼芝的离去，是一种无奈？还是一种自觉？这个疑问在克敬的心头萦绕了两年时间，怎么也化解不开，幸好看了央视近日的一档《社会记录》节目，帮助克敬解开了其中的不解之谜。

“我舍不得走。”节目中的佘幼芝对电视主持人坚定地说。“文革”结束后，她便奔走呼吁，这对于一个普通的人民教师说，不啻一场艰难的持久战争，她呼号了14年，跑得一头青丝变成白发，跑得从老师岗位退休下来，继续坚持着跑，终于跑来文物部门的重视，于1992年投资修复了遭受“文革”破坏的袁崇焕墓，佘义士的墓也同时获得修复。佘幼芝高兴啊！她守护着袁崇焕的墓，自觉地担负起讲解员的角色和墓园清洁工的角色。可她心里还有一个心愿，要把袁崇焕祠也修复起来。这是又一场持久的战争，佘幼芝投书报社、投书电视台，当然少不了投书文物部门，又是长长的10年时间，又终于得到文物部门的重视，要修复袁崇焕祠了。可是袁崇焕祠里除了她佘幼芝一家住在祠里，还有18户人家也在文革时期，不知是什么原因住了进来。如今的袁崇焕祠哪儿还有一点祠的样子，完完全全一个大杂院，到处炊烟冒，到处污水流，要使其中的住户顺利搬迁，又岂是一件容易事。只有佘幼芝带头了。她的这个头好带，住在袁崇焕祠里的人，可都不像她那么好说话，对她的带头便颇多微词，佘幼芝不管那些，听了全当耳边风。俗人克敬看见电视上的佘幼芝，神态是那样的决绝，她说："我一家搬出去，也没现成地方住呀。谁不困难？我先祖那时候，冒着满门抄斩的危险，也不畏惧，现在的困难又算什么？"这就拾掇拾掇搬走了。佘幼芝带头先走，其他住户也只好搬迁了。

"好事啊。好事啊。"佘幼芝打心眼里为修复袁崇焕祠而叫好，可她存着一块心病，"我还要回来，为将军把墓继续守下去"。

这是一个多么合理的要求啊！但是佘幼芝得不到相关部门的一个明确说法。俗人克敬当然更不能给她

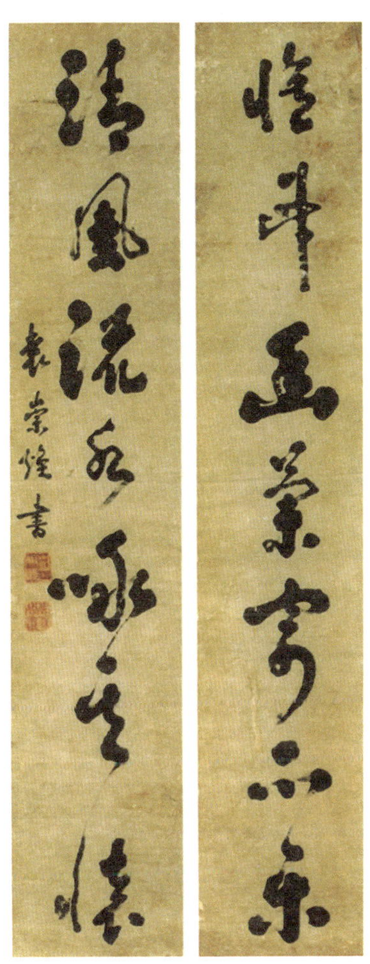

袁崇焕书法

一个说法，但克敬可以自由地发表一点看法，认为佘幼芝有必要到将军祠修复起来后再搬回来。袁崇焕将军的墓园少不了佘氏一门的守护，如果少了，便少了一种气韵，少了一种独有的文化特色。

佘氏一门不求建功立业，不求扬名天下，为着中国一个伟大的历史人物甘于一生清贫，甘于一无所有，甘于一往卑微，守墓370多年，这是佘氏一门的高义，他们足以安慰历史，并温暖历史，在今天许多人不知信仰为何物的时期，我们没有理由，不让佘氏后人为袁崇焕回来守墓。

然而遗憾的是，到2003年袁崇焕祠修缮一新对外重新开放时，佘幼芝未能搬回将军墓，她住在了距离墓园很远的北京市金鱼小区。这个消息是俗人克敬就要结束这篇小文的时候，偶然在互联网上读到的。发布消息的人，把字句锤炼得异常沉重，他说：佘家是代代单传。到佘幼芝这一代依然就她一个，守墓的担子自然落在了她的身上。在佘幼芝略感阴冷的小屋里，她幽幽地说，我们家族有一个特点，没有得慢性病的，一生病就过去了……你看我坐在这里和你们说话，说不定等会儿，一低头就殁了。读着这样的文字，俗人克敬一时语塞，感到心头一阵阵发紧。佘幼芝的话仿佛重锤，敲着俗人克敬的耳鼓，她说："在将军墓园，搭个窝棚也行。就让我给将军把墓守下去吧。"

俗人克敬知道自己如佘幼芝一样卑微，一样无能为力，但克敬还是想为佘幼芝求个情：

让忠义千秋的佘氏传人住回来吧。

只有忠义爱国的佘氏传人还能一代又一代守护着袁崇焕的墓园，其所蕴涵的历史价值和文化价值，才是完整的，才更具坚韧的历史文化精神和现实的彰显意义。

2004年8月20日　西安太阳庙

仪制令碑：总是秩序乱不得

俗人克敬闲来翻书时，读到了一篇《报路歌》的短文。

文章说的是，古时候居住在山里的百姓，因为山高路窄且险，运送货物主要靠背扛肩挑。为防山匪野兽，常常结队而行，还推选一个人为“背头”（即领队），随时向后边的同行者报告路况。

其中的《报路歌》饶有趣味。如果遇上一堆粪便，背头就会唱：“路上一朵花呀！”紧跟在后头的人就都答应：“咱们不踩它哟！”如果遇到一边是山崖，一边是深渊，背头就会唱：“前面山路险呀！”后面的人就要应：“靠山不靠边哟！”发现途中有野兽出没，背头的声就更响亮：“前头有害货呀！”大家就会精神振作起来，用同样的高声吼唱：“同心合力赶走它哟！”如果前头是一座小木桥，背头就要喊唱：“前面一坐桥呀！”后头的人便回唱：“步步要踩牢哟！”遇下坡了，背头要唱：“人人脚防滑哟！”后头的人即回声：“个个脚不软嘛！”遇上坡时，背头又要唱：“前头步步高哟！”后头的人要答唱：“咱们使劲攀嘛！”经过长途跋涉，终于回到了家门口，背头高兴，大家高兴，仿佛完成了一项伟大的使命，背头唱腔自然会掺进一点骄傲的声色：“大家笑开颜哟！”同样地，一起背山的人感激着他们的背头，唱腔也自然地带着赞美的声色：“一路皆辛苦！一路皆安泰！”

听人讲，歌和舞的产生，皆源于人类的劳动，《报路歌》无疑是一个很好的证明。那一报一答的喊唱，是含蓄有趣的，让背山的辛苦在歌一般的报唱中，得到了有效的缓释，使人的精神能够得到鼓舞，又能使人的神情得到放松，以便消除长途跋涉的疲劳和寂寞。而更重要的是可以提高人们的交通安全意识，彰显了山民生活的文化情趣和生产劳动的经验。

这样的生产劳动经验，俗人克敬以为，是中华民族一笔十分宝贵的遗产，是很值得我们后人继承和发扬的。俗人克敬有过一段伐木的经历，知晓在秦岭深山的一些地方，至今仍在传唱饶有风趣的《报路歌》。

既然行人古来已有《报路歌》这样自觉的行为约束，车马往来，就更需要相应的律条来规范了。许多血的教训也昭示人们，一定的交通规范，既能提高行路效果，更能保证行路安全。

俗人克敬日前从四川的广元坐汽车回陕，在略阳县的灵崖寺稍作停留，进得山门，即发现了那块不算很大的《仪制令》碑，一时喜不自禁，趋前细看，“贱避贵、少避长、轻避重、去避来”12个石刻文字依然清晰可辨。

俗人克敬读史知道，唐贞观十一年（637年），曾旨批颁发了《唐律·仪制令》，其中规定：“道路街巷，凡行路之间，贱避贵，少避长，轻避重，去避来。”按现在的说法，这就是当时的交通管理法。但略阳灵崖寺馆藏《仪制令》碑克敬看得分明，落款刻着大宋朝的年号。

这是怎么回事呢?

幸好有导游如数家珍，口齿伶俐地介绍说，1948年出版的《人物风俗制度丛谈》，便收录了略阳的《仪制令》碑文。同样的碑文，在福建省的松溪县也有一块，但比略阳县的碑刻已经迟到了130余年。12字的仪制令文字，在《人物风俗制度丛谈》里是这么解释的：“宋制实仿于此（指唐《六典》），此即古时之生活规律也，惜末世不讲耳。古先哲王所以留为后人范者远矣。”

导游引经据典的解释，俗人克敬深信不疑。因为略阳地处秦岭中段南麓腹地的嘉陵边上，是关中通往巴蜀的主要通道，昔日陆路、水路交通繁忙，免不了磕磕碰碰，闹出纠纷来。南宋淳熙八年（1181年），时任略阳县令王（佚名，可惜了佚名），绝对不是封建社会摇晃着脑袋坐在县衙听汇报的懒官、庸官，他会来到民间，体察民情，与民同乐，与民同苦，他一定听到了看到了民众的呼声。于是乎，购来石料、请来石匠，手书了《仪制令》文，刊刻出来，立于通衢道旁，以期教化民众，秩序交通。

有心的王县令在碑文刻成后，选了一个吉日，又敲锣，又打鼓，又放鞭，把那通《仪制令》碑竖立在略阳县城的东门外，风霜雪雨近千年，所起作用自不待说，只见碑面上仅有几处小蚀损，便可见当地民众对此碑的爱护和敬重了。

为了更好地保护《仪制令》碑，才在几年前，由略阳县的文管部门，找人移来灵崖寺安置。俗人克敬读着碑义，难免望文生义，揣度碑文上所谓“贱避贵”，是指一切行人车马须避官轿驿骑及邮车，奴仆苦力人等给官吏、贵人让路；“少避长”，是指年轻人让路于年长人；“轻避重”，是指轻身轻骑让路于负重的脚夫和车驾；“去避来”，是指下坡人让于上坡人，行人让道于同行的车马。

俗人克敬又要感慨了。《仪制令》的规定，除去第一款有待商榷外，其余三款，到今天仍有遵守的必要。然现实并不乐观，恰恰是需要继续遵守的东西，却被我们今天的社会淡漠了，而需要摒弃的东西，则无所限制地放大着。

俗人克敬不是不食人间烟火的人，知晓现在的交通，比起《仪制令》颁布的唐宋时期，无疑是发达繁忙了许多倍，所造成的纠纷也以几何之数在增长，特别是大城市的交通，更成了一件头痛事，时常都有车祸发生，轻者伤人，重者死人。据知情者报道，全国所有的省（市）自治区，平均每一个省（市）自治区的每一个小时，都有一个活生生的人死在交通事故中。换一种说法，就是每年死在汽车、火车或其他什么轮子下的人数，大约在四五十万，相当于一个中上人口的县，就这么被各种各样的轮子碾死了。俗人克敬采用的信息在互联网上，克敬知晓互联网上的信息是需要怀疑的，但对这一信息却不敢怀疑，原因是我们的统计数字，在对自己有利时，总会无意识的夸大再夸大，而对自己有害时，总会有意识地缩小再缩小。因此说，互联网上的交通死亡人数报道，只会比现实发生的少，而绝不会比现实发生的多。趋利避害，人之常情，克敬不指望谁在交通死亡事故问题上说真话，给自己找不快活！

一个中等规模县的人口，就这么悲惨死去，俗人克敬能不心痛，能不垂泪，痛定思痛，知其原因无出违反交通规则之外。俗人克敬面对灵崖寺的《仪制令》碑，不免天真地幻想，我们可否批判地学习一下《仪制令》的倡导和规范，或许对解决困难重重的交通秩序问题，能起一些积极推动的作用。

2004年11月26日　西安后村

白菜碑：咀嚼民生的味道

在成都的百年老店“盘餐市”，倏忽读到“百菜还是白菜好”的联句时，俗人克敬的思想大为不解。如果北方人隆重地推举白菜，还有几分理可说，毕竟北方天寒日隆，又少雨水滋润，蔬菜品类自然要少，而且颇不耐冻，唯大白菜冰封雪压之下，数十天不变质不糜烂，理所当然地为人们所喜爱了。但在四川盆地的成都，一年到头，菜市场上什么样的新鲜蔬菜没有，即便到了冬季，红根头的菠地菠菜、叶肥杆粗的仁汉菜、青翠嫩绿的豌豆苗以及红白油菜苔、小葱蒜苗、莴笋黄瓜、韭菜韭黄……想买什么有什么，哪一样也不输白菜呀？怎么就让一个白菜在百菜中夺了状元呢？疑惑良久，还是难求甚解，左右问询，也是无人说得明白。

特别如克敬一样的人，经历了那个瓜菜一锅饭的饥馑年月，吃多了白菜，把人吃厌了吃怕了，对白菜似乎更有一种轻薄的感觉。认为白菜太普通、太庸常了。说颜色，就那么青中带白，或白中带青；说滋味，既无佛手萝卜之水甜，又无苦瓜地瓜之清香，实在是难充百菜中的老大的。克敬虽然满腹疑虑，却不敢太过造次，仔细地端详着楠木雕刻的联句，忽然就想起竖立在江西省铅山县永平镇的那座“白菜碑”。

俗人克敬几度去江西，总想着能到铅山一游，拜识那座向往已久的“白菜碑”，却终是这样一个原因，那样一个借口，都未能前去亲眼一见，克敬就只有徒叹遗憾了。

把时间上溯几百年，大约在明朝万历末年，在江西省的铅山县衙正堂做着县令的笪继良，却在一个春天的午后，忙完了公务，回到后院的家中，吃了内厨为他做的一道水煮白菜（笪县令生活俭朴，灶上所煮白菜还是他自己亲手种植的）后，撂下碗，鬼使神差地散步到院内小小的菜田里。饭后散步是笪县令的一个习惯，好像饱食了白菜，不在院子里散散步，便难解心中的郁闷。这一回他散步到小菜园，就不再走了。其时秋阳和煦，秋风柔软，笪县令眼看着蓬勃生长的白菜苗，心头蓦然生出一个强烈的念头，那念头逼迫着他，招呼手下取来一方长四尺、宽二尺的青石板，在上面描绘了一株叶肥梗厚须茂的大白菜。

那一方青石板，原来就铺在院子里，千人踩、万人踏，表面已踩踏得十分光滑了。笪县令在上面描着白菜图，却显得还很费力气的样子，宽阔的前额上竟不堪重负地沁出了一层薄汗，他拈起衣袖，在额上沾了沾，仔细地看了一遍他精心描画在青石板上的白菜图，又一次提起笔来，在旁边的墨池里饱饱地润了，鼓足了一口气，把他胸中酝酿已久的两句话，题写在大片的空白处：

为吾父母，不可不知此味；
为吾赤子，不可令有此声。

俗人克敬晓得有些文墨的人，都有个附庸风雅的兴头，偏爱梅兰竹菊什么的，觉得梅的傲雪，兰的雅洁，竹的挺拔，菊的逆时，那才是君子风度。笪县令怎么会被白菜迷住呢？克敬便想，不唯今人，就是其时跟在笪县令左右的书办衙役，也会有所疑惑的。好了，有了这两句题款，疑心豁然大开，深为笪县令的苦心感动，请来石匠，精刻细凿，碑立在笪县令和他治下民众睁眼可见的地方。

白菜的清淡质朴，如笪县令的处事做人一样，他在铅山县做了6年县令，为百姓踏踏实实地做了不少好事。从保存的老书上可以看到，笪继良初到铅山任职，见乡间百姓一旦染疾，总是延巫祈祷，折财不说，性命也难保证；为革除这一陋习，笪县令一边告示宣传，一边差人请来他乡名医，在铅山县广设药铺，为民治病疗疾；笪县令调任他乡以后，一身的白菜品格不变，矢志为民，他原来所在的铅山县乡民，感念其仁德，集资为他修了一间笪公祠，并把《白菜碑》迎入其内。几百年过去，祠已毁，碑尚在，其为官者常怀平民的白菜精神，更成为一种积极的文化财富，为铅山县百姓所世代感念。

查阅资料，俗人克敬得知马寅初先生抗战时期，直言罹祸，被蒋介石囚禁起来，先是放逐贵州修文，后来东移江西铅山，得知那块《白菜碑》后，便数度前往旧时的铅山县城永平镇，伫立碑前，感时愤世地大大感叹了一番：如果国家的官员都有笪县令的境界，何愁国家不兴！

耿直敢言如笪断良的马寅初先生，面对《白菜碑》所阐发的感叹，是太对了。而俗人克敬不觉有些惭愧汗颜，检讨自己的浅薄，竟然愚钝得轻薄了如许大有意趣的白菜。是自己阅历少？还是自己原本无心？……俗人克敬总想找个为己解脱的理由，却没有一条站得住脚，就只有更惭愧汗颜了。

抬脚走进了“盘餐市”，不用口舌品尝，只是闻那川中名店里腌卤的白菜味儿，当下就流出了涎水。当然，这要感谢作古数百年的铅山县令笪继良了，是他改变了俗人克敬的味觉，对白菜不再轻薄，不再嫌弃，并深深地为白菜而感动了。

白驹过隙，岁月荏苒，俗人克敬的私人菜簿上，白菜现已成了须臾不可缺少的菜品。常吃常鲜，却也吃出了一些心得，便愈知“盘餐市”的联语，道出了饮食大道的真见地；也便愈知《白菜碑》的用心，昭示了为官之道的真见地。

白菜的吃法多种多样，细细想来，不惹眼、不谀口的白菜，炒着吃，凉拌了吃，入汤煮了吃，与其他肉菜相配合烹了吃，全无不可。克敬揣摸其中道理，好吃的白菜尽管有十种几十种的做法，配料和口味也有十种几十种不同，而根本还在于万变不离其宗的大白菜，它所以能让人们见食生情，就在于它的滋味平淡；它所以能和许多菜蔬相容而烹，就在于它不压其他菜蔬的色彩。

克敬喜爱白菜，因为白菜的庸常和质朴，因为白菜的味淡和平实，因为白菜的百姓口味和朴素的民本精神……就像刻划了《白菜碑》的铅山县令笪继良一样。

2004年11月27日　西安后村

竹风碑：桃花红颜寄小笺

成都行，怎么可以不去望江亭拜识薛校书呢。校书在唐制中，是一种职业，手里没有两把刷子，是担当不起的。薛涛有大才，做起来就轻松了。而她又是一个女儿身，在封建专制的唐朝，能被尊上校书（后来未能当上，只是大家的尊称）的职位，不知可有第二个女子？但她偏偏又是一个妓女，偏偏又是一个了不起的诗人。二者之间的蹊跷，作为长安故里的乡党，俗人克敬焉有不去拜识的理由。不过，俗人克敬读到的资料中，对好食麻辣的川人心生感激时，还对他们有一些怨言。

怎么可以在薛涛的墓周广植桃树呢？

虽说“桃之夭夭，灼灼其华”，可是把粉艳的桃花和一个女子种植在一起，就很难说不是隐含了些许轻蔑的意味。俗人克敬学养有限，却也知道我们民族的禁忌，为桃花预设了一个复杂的形象。所谓“桃色事件”，就很明白地传达了这样一种理念，像藏族民歌唱的，“这个姑娘是生在桃树上的吧！她的心变得比桃花还快呢”！特别是在民间，又还给桃木赋予了一个更为残忍的功能：避邪！哪座屋里有人兴妖作怪，哪座墓里有鬼作怪兴妖，需要镇压了，请来阴阳先生，斫几根桃木的橛子，钉在那座屋子和那座墓上；再还镇压不住，就要来桃木刻的妖怪，放火烧了，才会安全；所谓“把夭桃斩断，煞它风景”的词中奇句，说的也就是这个意思吧。那么，为什么要广植桃树，以桃花凭吊薛涛呢？俗人克敬想，也许植桃者当初并无歹意，造成这样误会，在他也是始料不及。可是这个误会太大了，粗粗算来，竟贯穿了唐、宋、元、明、清数个朝代，1200多年!

大可诅咒的误会呀!

难道就因为薛涛所遭遇的不幸，使她高贵的肉体沦落为流放的妓女吗? 俗人克敬读史知晓，这是薛涛的无奈，好端端的一代才女，不是时势所迫，谁会甘心情愿成为一个妓女，而且是官家的刑律所判定的。

8岁的时候，在长安薛涛的家里，生着一株葱翠的梧桐树。忽一日，飞来几只好看的鸟儿，薛涛看得高兴，唤来父亲，希望给她捉来一只。其时，薛父在大唐的内廷做着一个小吏，手下有几个人，精心地管理着皇家的私存，家里虽然不是特别富裕，却也堪称殷实。因此，薛父心头还是很有雅兴的。被女儿叫到庭院的梧桐树下，他才不会急着去捉鸟儿，而是触景生情地目赏井梧，吟出一首五言的前两句："庭除一梧桐，耸干入云中。"下边就要女儿说了。女儿也是才从眉间生，当即应对，曰："枝迎南北鸟，叶送往来风。"薛父听了，"愀然久之"。他怎么能不愀然呢? 就在今天，我们重读这四句诗，如果没有薛涛后续的两句，为父的前两句还有什么意思，不过两口白开水。而有了薛涛的后两句，诗意大为不同。却不幸像是一个谶语，竟成了薛涛以后生活的写照。

当然，问题的根源还出在她的小吏父亲身上，顺手牵羊地，从府库里偷了一些东西，而且不是很值钱的那一类，那样他就得掉脑袋。东西不甚值钱，但那是皇室的东西呀! 你也敢拿，这还得了，这就被革了职，判了刑，还连累了他的妻女，被发配到四川的成都做了"枝迎南北鸟，叶送往来风"的官妓。

就如沙里埋不住金，大有诗才的薛涛，身陷官妓窝巢，却也活得出类拔萃，不同凡响。

他人也会是这般心生忐忑、脚步轻盈吗？俗人克敬默默地问着自己，这就走近了望江楼。

枕着一条锦江，望江楼成为薛涛永远的守望者。虽然略嫌单薄的望江楼，不如武汉的黄鹤楼、长沙的岳阳楼，以及古洪都的滕王阁，因了李白、崔颢、范仲淹、王勃的诗文那么遐迩闻名，却也与薛涛的名字联结一起，始而扬名天府之国，继之直追黄鹤楼、岳阳楼和滕王阁而去，堪称华夏圣土上的一座名楼了。是俗人克敬钟情远古的乡党薛涛，便不惜笔墨地海吹乱吹？非也，即在当时，文治武功，宏盛空前的唐代，就已有文豪大家，对薛涛的诗艺，作了中肯清醒的评章。

王建曾作诗《寄蜀中薛校书》：

万里桥边薛校书，枇杷花里闭门居；
扫眉才子知多少，管领风骚总不如。

恃才傲物的王建眼里的薛涛，已经是个超拔了须眉的画眉女魁了。体味王建的诗句，虽然稍嫌笼统，失之宏观，却表现他对薛涛的崇敬，业已达到很高的地位了。

更有元稹的诗，才算是薛涛的知音：

言语巧偷鹦鹉舌，文章分得凤凰毛；
纷纷词客多停笔，个个公卿欲梦刀。

这样的诗句，实现了一个振奋人心的大跳跃，把王建停留在“女中豪杰”水平的诗评，一下子扔到了脑后。元稹下笔就很巧妙地赞扬了薛涛的诗才，接下来，更是不顾自己的男儿身，称颂薛涛的才具（还不仅限于她的诗才），都是不让须眉的。我们知道，元稹诗中的“梦刀”用典，出自晋人王浚，释梦者告诉王浚，梦中刀出，谓之将被委派益州做官，结果梦想成真。益州在哪儿呢？就在薛涛落难的蜀中（现在的成都）。元稹的诗句反映了京城的一个现象，多少文人墨客，读了薛涛的诗句，都自叹弗如而罢笔，梦想着到益州来做事，以便得见薛涛的容颜，耳提面命，沾染一点薛涛的风气。

元稹不惜屈下男人之尊，大加赞颂薛涛，还因为他们之间有一层特殊的关系，在这一节先不多说。只说因此，元稹对薛涛的了解会比他人更深一些，评价也会更真切一些，也就是说表现得更为准确或者说是更为具体。

然而，似知音一般的元稹，对薛涛的认知还是不够的。元稹和王建一样，无论“管领春风”也好，“停笔梦刀”也罢，俗人克敬以为，都还只是一种浅层次的描摹，都还不能立体地、全面地论说薛涛。

真正地，为薛涛而倾倒，认识和了解薛涛诗格和人格价值的人是韦皋。这位四川节度使，初始，只是倾慕薛涛的才貌，召她侍酒赋诗。这是个下贱的活儿，可薛涛不能拒绝。其时的她，纵有一身傲骨，也是不好扎势的，她就只有为韦皋之流诗赋歌舞助兴了。好在她的诗作雅致，作得韦皋高兴，就让她脱了官妓的帽子，入了乐籍，因此在为韦皋之流宴饮佐酒时，聪明颖慧、冰清玉洁的薛涛，便有了清客的待遇。

这对身陷不幸的薛涛来说，是一个大转折。从此，高贵如节度使的韦皋，低贱如乐妓的薛涛，就有了平起平坐，议论对谈的条件。长此以往，有心人韦皋发现，薛涛的价值不仅在诗酒上，她还有朝堂上男儿所不能比的政治才干。在封建制度的唐朝，这对一个乐妓来说，绝对的，是一个大胆的肯定。韦皋大人甚至拟好了一份折子，要奏请朝廷了，要给薛涛一个秘书省校书郎的职位。韦皋要做到这一点是很不容易的。他深知那个不容易，却也绝非一时的兴之所至，轻率地举荐薛涛了。尽管有唐一代，曾有一段时间，是鼓励女子做官的，但封建的社会制度和根深蒂固的男尊女卑观念，那样的鼓励仿佛昙花一现，很快就销声匿迹了。可想而知，韦节度使举荐薛涛的难度有多大，如果不是薛涛有着过人的才情，过人的德行，借给韦皋大人十个胆，他也是不会举荐薛涛的，他会考虑自己头上“副省级”的乌纱是否安全？他还会考虑舆论影响是否害己？因此，他是做了充分的思考后，才不避薛涛妓女的身份，大胆举荐的。

俗人克敬想，历史上像薛涛一样的乐妓不会少吧！但获得官场举荐的恐怕唯有她一人了。这是薛涛的骄傲，尽管韦大人的举荐还没有送到朝廷，在护军大人那里就被驳了回来，还道貌岸然、堂而皇之地驳责：“国家名器，岂可假人？”比韦大人高了一个级别的护军大人，其弦外之音是不难捕捉的：以乐妓的卑贱，怎么能够授予朝廷命官的头衔？不过，这不要紧，有了韦皋大人的举荐，这就够了，护军大人不认可，朝廷不认可，历史是认可的。老百姓是认可的。薛涛未能如愿当上秘书省的校书郎，后世人们，还是乐于称她薛校书的。

一声“薛校书”，俗人克敬以为，便是历史对她的尊重。

匝天罩地的幽篁，遮日闭月的幽篁……俗人克敬不可救药地迷失在这一片竹的海洋里了。

相信竹是有灵性的，颀长的身姿美得惊人，拔地而起，在云雾叆叇的天空，柔得像春风一样的芽尖，相互频频地，礼貌亲切地，颔着首或鞠着躬，一根幽竹，就是一个品相素养极佳的君子。虽然克敬一人踯躅其中，却并无孤独的体会，分分秒秒地，都能感受到绿色竹风的抚慰，内心油然生出无限的安谧和宁静。久居喧腾的市声和熙攘的尘世中，已很少静谧的感受了。远道而来的克敬，为这里的竹子感动着，眼里蓦地蒸腾起一层湿湿的泪光，丽服婀娜的薛涛，穿过历史的隧道，在幽静的竹林尽头浅浅地笑着。

是的，薛涛是爱竹的，她高贵的灵魂能够日夜伴着绿竹，又怎么能不欣慰地笑起来。

这就对了，我们后世儿孙，在深受伤害的薛涛身上又岂能再撒一把盐呢！那是一个不可饶恕的罪过。可悲可叹，竟然难以免俗地蔑视我们才品不凡的薛涛，在她的坟茔煞有介事地营造一片绯红的桃色。

开放洒脱的唐朝，诗文焕彩的唐朝，风华绝代的唐朝，在这一点上，让后世的俗人克敬大失所敬，甚至忍不住还要诟骂几句，嘲笑几声，诟骂唐朝的混沌，嘲笑唐朝的小气。

俗人克敬努力地寻找着，寻找为薛涛以正清名的人物。这样的寻找太困难了，从盛世大唐，找到风情万种的宋代，穿透“杨柳岸，晓风残月”，走进“后庭花”，只见“满江红”，却找不到一位慷慨激昂的须眉，来为羞卧桃花迷雾中的薛涛帮忙。俗人克敬找得沮丧了，找得不忍再找了，便只有哀叹现实的浅薄，已经泯灭了人们思古的幽情。仿佛阴霾中露出的一道霞光，俗人克敬在灯红酒绿的市井生活里，看见了李师师不屑的眼神。同为妓女的李师师，让大宋朝的皇帝神魂颠倒，不惜费神伤力，凿了一条秘密通道，委屈了自己的身体，从皇宫钻到花柳街上，拜倒在妓女李师师的石榴裙下。事隔将近千年，今天的克敬，无法猜想当年的李师师，以她的妓女身，怎么对待那位屈尊而至的大宋天子，却在她留传下来的片言只语中，知道她是非常推崇薛涛的。李师师带着自勉意味的话是："入宫师无盐，出宫师校书。"

无盐何许人也？中国历史上四大丑女之一。据传她"奇丑无双"，却也才华无双。她四十未嫁，最后嫁给齐宣王做了母仪天下的王后。齐宣王原来是个不理朝政、花天酒地的君王，有了她钟无盐，诤诤谏言，这才有了齐宣王的翻然悔悟，并在她尽心尽力的辅佐下，使齐国的国力迅速递增，一时成为天下敬慕的"千乘之国"。

李师师勉励自己学习无盐，勉励自己学习薛涛，可见她的品性旨趣是很高的。丑女无盐能助齐宣王成其霸业，薛涛能作筹边楼幕宾，替节度使出谋划策，她李师师又怎么不能呢？可怜她如薛涛一样，生错了时候，虽然有个大宋皇帝为她迷得神魂颠倒、灵魂出窍，依然难改她的悲剧命运。因此，她之于薛涛的鼓吹之声，就显得十分地脆弱，未见一丝一毫的风浪，而薛涛的坟头上，依然是那一抹屈辱的桃花。

薛涛有什么办法呢？已经作古的她只有等待了，她有这个耐心，也有这个自信。终于，她等来了竟陵派的代表人物钟惺，不再遮遮掩掩，不再羞羞答答，对薛涛的《筹边楼》诗大加赞扬："洪度（薛涛字）岂直女子哉，固一代之雄也！"钟惺在如此高论薛涛前，还对历代文人对薛涛的漠视做了尖锐的批评："告诫诸将，何等心眼！"读着钟惺的批评，俗人克敬的血液有了一种沸腾的快感，一头钻进历史的故纸堆，知道其时已到明朝末期，万历刻本的《金瓶梅》在市井生活中悄然掀开一道新文化的晨曦。自此，薛涛坟头的桃花，开始慢慢地凋零、枯萎，终于为峻拔的、清丽的翠竹代替了。

是啊，桃花焉能映照“一代之雄”？

只有翠竹了。那么，是谁最先把翠竹植于薛涛的坟前？俗人克敬不得而知，在蜀地四处求访，也未有结果。有人给克敬找来清代诗人郑成基的诗，一字一句读来，欣幸再也找不到薛涛坟头的桃花了，代之而来的是萧萧的竹风，吹皱了锦江的流水，让所有热爱薛涛的人，都感到舒心暖肺的抚慰。

一丛一丛的翠竹，不经意地叉开一条一条的小路。俗人克敬漫步其中，呼吸着竹的青翠和芬芳，觉得自己的肤色，一点点地感染着，变成了竹绿色，甚至自己的血液，也一点点地感染着，也快要变成竹绿色。

克敬有关竹的知识是有限的，忽然陷落薛涛坟园的竹林，两只眼睛不够用了，心里问着自己：白面书生般的一丛鲜翠可是粉葷竹，婀娜少女般的一丛青翠可是凤尾竹，济公和尚般的一丛苍翠可是人面竹……前面有位持锄的园艺工，俗人克敬殷勤地走上前去，轻轻地问，始知现在的薛涛坟前，天南海北移栽而来的竹品，约有180多种，真可谓百般模样，互为呼应，姿态纷呈，伸手轻轻拈着一枝竹叶，克敬的心意，竟然急剧地抖索起来，以为自己捉住的不是纤柔的竹枝，而是薛涛温婉的素手，听着她的低诉和浅唱：

南天春雨时，那鉴雪霜姿。
花秀亦云茂，虚心宁自持。

多留晋贤醉，早伴舜妃悲。
晚岁君能赏，苍苍劲节奇。

爱竹的薛涛，以竹自况。竹就是薛涛的化身，竹就是薛涛的灵魂。刊印在她遗世的《洪度集》首页的这首诗，绝不是她自拟题目《酬人雨后玩竹》那么轻灵。在她的灵魂安息地，俗人克敬沉浸在绵绵不绝的竹涛中，不由自主地吟诵起她与人酬唱的“玩竹”诗，心头涌起的是一种别样的况味。薛涛不能不与人酬唱，她的身份决定了她的命运，只要有人需要，她就得打起精神与人酬唱。只不过，即使是无可奈何的酬唱，在心智品貌高标的薛涛口里出来，却也成了一首励志诗。俗人克敬不能自拔地迷醉在诗中了，触味着那晓畅清丽的字句，感受到薛涛志向的高洁和追求的淡远。全篇不见一个“竹”字，却达到了一种他人无法企及的妙境，真所谓“不落一字，尽得风流”。个人遭际的坎坷，世事变迁的苍凉，在薛涛冰清玉洁的内心，不可能不留下伤痛，但却不能磨秃她的心志，反而使她更像临风的竹子，劲节奇诡，挺拔洒脱。

这就看见了薛涛的雕像了。

汉白玉的雕像，明媚在飒飒的幽篁丛中，罗衫轻飏，微蹙的眉头，目光不错地盯视着手中的诗卷。风吹竹摇，伏高伏低，摇曳出阵阵迷乱的竹的雾岚，薛涛在竹的雾岚中活了起来，人一般的竹，竹一般的人，在俗人克敬的眼目中、胸臆中，交叠着、重复着，园中之竹、诗中之竹，泛滥着美丽、飘逸和崇宏。竹在这里也成了一种象征，让诗魂薛涛浸淫其中，表现得更为具体、清晰、深刻。

隐隐约约地，有个人在薛涛身后的竹丛里，一会儿模糊，一会儿清晰。这个人是谁呢?

薛涛汉白玉雕像

他会是元稹吗？没错，就是他哟。风流倜傥，才过子健，貌赛潘安的元稹，与薛涛偶一谋面，就把她幽闭的心割开了一个口子。为多少人陪过诗，侍过酒，薛涛从来都是以她职业的态度去做，唯有新乐府运动的倡导者，曾被朝廷委任为中枢宰相，笑傲宦海、睥睨官场的元稹，当下便心生摇荡，深感自己被俘虏了。

这时的薛涛已经42岁，堪称美人迟暮。可她心中的情愫，已然像春天的竹笋，嫩生生地拱破了坚硬的地壳，经受雨露阳光的滋养，迅速地蹿生着，长出一架爱的绿荫。薛涛受伤的心，太需要歇在爱的绿荫下，天长地久、地老天荒地享受爱的抚慰和遮蔽。

然而，冲动和激情，又岂能拯救虚伪。

昔日的元稹，何等的不可一世，意气风发，他现在也是被贬之人了。不然，他何以会走出长安城，翻越秦岭、巴山，到四川盆地而来。他这是自作自受，被贬也是活该。翻开厚重的历史典章，诟骂元稹的文章，堪称汗牛充栋。最早见诸文字的，在李肇的《唐国史补》中就有了，与元稹同一时代的李肇，谈起7世纪初的文坛时，毫不客气地把他列在不齿之类：“学浅切于白居易，学淫靡于元稹，俱名为元和体。”更有一位宗室子弟李戡，对他尤为愤恨：“当痛自元和以来，有元、白诗者，纤绝不逞，非庄士雅人，多为其所破坏，流于民间，疏于屏壁，子父女母，交口教授，淫言媟语，冬寒夏热，入人肌肤，不可除去。吾无位，不得用法以治之。”

呜呼！好端端的一个白居易，因为沾染上元稹，在他人笔下，也横遭株连，让人只有徒叹奈何了。

自幼生长在关中凤翔的元稹，其人品的确大可怀疑，野史在诟骂，正史亦在诟骂。《旧唐书》撕他面皮的文字是：“稹性锋锐，见事风生。”《新唐书》就更犀利，几乎是剜肉见血了：“稹始言事峭直，欲以立名，中见斥废十年，信道不坚，乃丧所守，附宦贵得宰相，居位才三月罢，晚弥沮丧，加廉节不饰云。”这样的评价，搁在谁头上，谁还不羞愧得悬梁刎颈，有何面目活在世上。

元稹便不。换了一副面孔，走上贬官的霉道，满脸的失落和伤痛，满身的尘灰和疲惫，蓦然来到命薄心善的薛涛面前，怎么能不引起她的同情和爱怜。不难想象，同为天下沦落人的女诗人，为风华正茂的元稹伤心了，落泪了。她不计后果地爱上了元稹，不计后果地把自己的情给予了元稹。

在此之前，自命爱竹的薛涛，或许已读了元稹的《新竹》一诗。薛涛的咏竹诗写得好，元稹写得也不错。诗曰：

新篁才解箨，寒色已青葱。
冉冉编疑粉，萧萧渐引风。
扶疏多透日，寥落未成丛。
惟有团团节，坚贞大小同。

翠竹幽篁，成了牵系薛涛和元稹情感的丝带，至于别的因素，都不需要了。就像花儿到了春天，便会自然开放一样，薛涛面对她倾心不已的元稹，用不着那种设套试探、欲擒故纵的世俗把戏，很自然地，她向失意的元稹，敞开了温馨香艳的胸怀，叫身心倦怠的元稹扑爬进去，紧紧地拥偎起来，度过了一段堪称甜蜜的生活。

情商在这里战胜了智商，薛涛一旦沉醉其中，就不思自拔了。她完全没有想到，人格卑下的元稹，其实只是玩弄和利用她。小了薛涛8岁的元稹，一朝被贬斥，心里积存下了太多的委屈和伤痛，到了远离长安的四川，与诗名和艺名俱佳的薛涛交欢，也许有那么点钦慕，那么点冲动，那么点激情，但骨子里的元稹，才不会把他贴在薛涛的衣袖上，成为薛涛常饮的醇醪。元稹还有梦，日夜思想的还是辉煌灿烂的大唐朝廷，他自以为是地认为，有朝一日，皇室会快马传来一份诏书，为他在朝堂之上设立一个显赫的位子，使他再次扬起春风得意的头颅，声闻于帝王的耳目之下。

的确，元稹是有这个本钱的，他“九岁能属文，十五两经擢第，二十四调判入第四等，授秘书省校书郎，二十八应制举才识兼茂、明于体用科，登第者十八人，稹为第一”。《旧唐书》称他是“巴蜀江楚间洎长安中少年，递相仿效，竞作新词”的诗坛领袖，是“贤不肖皆常其文，未如元白之盛也”的风流人物。只要他能谨慎做事，忠诚做人，他是太有本钱直达丹墀、指点江山了。唐穆宗李恒就很赏识他，在起用他做宰相的诏书中，就备至褒扬：“劲气尝励于风霜，敏识颇和于今古。”这样的元稹，受宠幸，受倚重，受高看，受优渥，是到了不能再高的程度了。但他本性难移，身居高位，不知自省，反倒露出他佞人的尾巴，对太监佞臣，钻营投机，攀附巴结；对同僚属下，呵叱诘责，跋扈莫及，其面目该是多么可恶。是他为自己积累起一大批的反对派，联合起来，狠抓他的尾巴，把他扳倒贬出京城。元稹岂能咽下这口气，贬谪途中，到了同州，还声泪俱下地给穆宗上书：“所恨今月三日，尚蒙召对延英。此时不解泣血，仰辞天颜，乃至今日窜逐。臣自离京国，目断魂销。每至五更朝谒之时，实制泪不已。臣若余生未死，他时万一归还，不敢更望得见天颜，但得再闻京城钟鼓之音，臣虽黄土覆面，无恨九泉。”这应是元稹的心里话了，他所不能死心的，还想着有朝一日，“制诰侍宿南郊斋宫”，重沐浩荡天恩。

这样一个野心勃勃的人，薛涛还怎指望他的真情呢？元稹在她的身上，完全只是为了解一时之渴，把他在宦海之中的卑劣伎俩，在薛涛柔情似水的怀抱里复习了一次。

旁观者清。民间俗语又一次证明了它所具有的经典意义。与元稹相齐并论的白居易清醒地看到，薛元的姻缘，只是旱地的一滴露珠，绝对是没有结果的。为此，白居易还写了《寄薛涛》一诗，做了一个善意的暗示：“峨眉山势接云霓，欲逐刘郎意转迷。若似剡中无路到，春风犹隔武陵溪。”聪慧如薛涛，不晓得可读到这首诗？抑或是读到了，因为身陷感情的泥淖，读不出诗中的提醒和用心。总之，薛涛义无反顾地向元稹交付着她的真情。

轻轻地一挥手，元稹走了，没有带走一片云彩。

但薛涛忘不了元稹，更不因他的再次落魄而稍改初衷，老实不客气地等待着，等到蒲叶新齐、芙蓉花谢，沉浸在情感的煎熬中等了10年时间，听到元稹又一次被贬，将要路过益州，薛涛的心颤抖着，泪眼婆娑地期待着旧时的恋人。可她哪里知晓，旧时恋人却不想再见她，绕道他途，走自己的路去了。留给她的是“锦字开缄到是愁”，“月高还上望夫楼”。可怜的薛涛，至此还不能忘记元稹，这叫人怎能不为她感动呢！薛涛把爱视作她的生命了。

在竹风摇曳的薛涛雕像前，俗人克敬缩了一下身子，为薛涛的痴情而深感心冷。

乱猿啼处访高唐，路入烟霞草木香。
山色未能忘宋玉，水声犹是哭襄王。
朝朝夜夜阳台下，为云为雨楚国亡。
惆怅庙前多少柳，春来空斗画眉长。

聪慧的、敏感的薛涛，不是看不透卑鄙薄情的元稹，只是不愿承认这个事实，或者是不愿坏了自己的心情。从她此后写的这首《谒巫山庙》的诗中，不难看出薛涛对此有所醒悟的痛苦心情，不仅让薛涛感到大伤面子，而且是大伤感情。元稹和她玩的那一种关系，说到底，只是一个不知羞耻的狎客，落难时玩弄一个痴情的妓女。

这是元稹的残忍。

表面的风流蕴藉，难掩元稹的淫佚薄情。像所有的悲剧结果一样，有的人生命因此升华，有的人生命因此暗淡。无疑，在薛元的这一场感情交流中，贱为妓女的薛涛升华了，贵为命官（虽然遭贬）的元稹暗淡了。也许是他太缺德、太没人性了，在一次又一次的贬谪流放途中，暴死武昌。他这样的结果，俗人克敬张大了嘴，很想大骂几声，都快破口而出了，却硬硬地封了自己的口，没有骂出来。封建社会的大背景，像一口黑锅扣在人的头上，尤其如元稹一样的读书人，又岂能例外，只要还觊觎眼前那如梦如幻的功名前程，什么两情相悦，什么鱼水恩爱，都只有让步给门当户对的婚姻了。与元稹同时代的白居易、柳宗元、刘禹锡、韩愈等大家，哪一个又逃得脱！海誓山盟、相拥落泪的激情，脆弱得如池水里的月亮，可能又圆满又美丽，却经不起一粒碎石的击打，顷刻碎得四分五裂。既如此，俗人克敬仰望汉白玉的薛涛雕像，又要为元稹求情了。原谅他吧，他也有自己的困危和难场。

毕竟，元稹的名字贴在历史的册页上，已被人诟骂了千百年，而薛涛的名字，在史册上，又为人同情和歌赞了千百年。咱们能否从此也给元稹几分理解、几分哀叹呢？俗人克敬有这个自知之明，晓得恐怕不成，就只有约束自己的笔，接下来不再提说元稹算了。因为克敬看见微蹙着眉头的薛涛，是不愿意因为她而大写元稹的。

这是薛涛的痴情，我们就随了她吧！

轻轻地绕过薛涛的雕像，就看见了掩埋着她香骨的坟茔和坟前的碑刻。眼光乍一抚摸碑材，俗人克敬就知晓已非是当初的旧物，其时的剑南节度使已由重情重义的韦皋换成了段文昌。段节度使端的又是个知情达理的人，不避人言，为62岁病死益州的薛涛亲笔题写了碑文：“西川女校书薛涛洪度之墓。”

新立的墓碑是在1994年，由四川省薛涛研究会筹资树立的。墓碑正面的隶书大写是：“唐女校书薛洪度墓”；背面是重建薛涛墓的碑记。碑记不长，写了薛涛墓的变迁，还写了千百年来关于薛涛在历史记

薛涛墓碑

忆中的世道人心。克敬在身上找纸找笔，找出了一头汗，后悔自己时常带着的两件东西，在这一天都忘带了。好在背着一架照相机，把碑文拍了下来，兹抄录如下：

> 薛涛，字洪度，约生于唐德宗建中三年，卒于唐文宗大和六年，殁后，时段文昌以西川节度使再镇成都，曾为其撰墓志。唐时涛墓今不存，在成都何处亦无考。晚唐郑谷《蜀中》诗云："诸运江青碧蕈纹，小树花绕薛涛坟。朱桥直指金门路，粉堞交连玉垒云。窗下断琴翘凤足，波中濯锦散鸥群。子规夜夜啼巴蜀，不并吴乡楚国闻。"有学者认为，诗中"朱桥直指金门路

‘之’金门”，即唐时成都金阊门，谓涛墓在城西碧鸡坊近处；另有学者认为，成都附郭河流，唯九眼桥以东始称锦江，郑诗有“波中濯锦”句。谓涛墓在锦江之滨，今望江楼附近。两说孰是，仍当以日后有墓葬出土为断。今望江楼之薛涛墓，明万历时已存在。新旧《华阳县志》记，涛墓在县东五里处；万历初，夔州通判何宇度《益部谈资》所记，“涛墓在江干，题碑唐女校书薛洪度墓”即指此墓。至清代时，此墓已成旷壤，墓址几不可辨，光绪九年浙西沈寿榕等重加修葺，镌石立碑。近至十年浩劫后，涛墓又荡然无存。今园中游人每访涛墓不得，多惆怅不已。故薛涛研究会依明时旧貌，重新修建薛涛墓于此，既可慰诗魂于地下，亦可发思古之幽情，诚一盛事也。

游赏神州有年，俗人克敬著录最长的一段碑文只有薛涛坟前碑了。克敬不忍遗失碑上一个字、一个标点，正著录时，眼睛里热喷喷的，感觉那一个一个的字，一个一个的标点，都是后世人的眼泪在墓碑上的凝结。

感谢始终不渝地热爱着薛涛的川人，这让她千年以后的小乡党克敬，原来满怀着的怨尤之心，获得最为完美的解放。这不仅在于川人一扫薛涛坟前的桃色，而广植青竹；还在于川人不论朝代如何更替，时代风云如何变化，热爱和颂扬薛涛的心不变。正如薛涛坟前的碑文，明白无误地告诉后世人们，风雨、洪水、兽侵、兵燹或者其他不可预测的因素，都曾对薛涛的墓和碑造成破坏。但是，几废几兴，薛涛的坟茔今日如初，这就足以说明，一个女人，哪怕她还是一个沦为妓女的人，只要她的心不死，敢与命运挑战，真诚地爱着她爱的河山，痴情地爱着她爱的人，哪怕她爱的河山对她不公，她爱的人对她绝情，她都无怨无悔，用她的诗，唱出她生命的壮丽，她就一定能获得世人的尊敬和爱戴。

俗人克敬崇敬地站在薛涛的墓碑前，低头默立着，看见几片竹叶在细风的吹拂下，到了脚前，克敬弯腰捡起来，在自己的嘴唇上吻了吻，轻轻地献在薛涛的碑座上，克敬深深地鞠了一躬，耳畔复又响起竹林里萧萧的风声，克敬揣想，薛涛还有话说，她把她无尽的话语托给茂盛的青竹，诉说，再诉说……

要听得懂竹风的语言，必须是个有心人。

米芾就是这样一个有心人。当时即为大师级人物的米芾，绝不是今天提着一把刷子，能写两个墨疙瘩的所谓书法家可比拟的，他们还需要岁月的淘洗，不知谁能得以流传。米芾是不一样的，他的书法已被千年的历史风潮所磨砺，似乎是越磨砺，不仅毫不失色，而且越是光彩闪烁。米芾有幸看到了薛涛的书法。相传薛涛一生写诗500多首，每一首诗作，其实都是一幅绝妙的书法作品，可惜她的诗作留下来的不多，仅有不足百首，书法留下来的更少，好像只有一幅《宣和书谱》，亦早就散佚，我们今天的眼睛是看不到了。我们能够看到的是米芾对薛涛书法作品的评价，已然身为书法大师的米芾，如炬的目光读过薛涛的《宣和书谱》墨宝后，难抑他的欣喜之情，脱口说出了这样的一段话：“以诗名当时，虽失身卑下，而有林下风致，故诗翰一出，则人争相以玩。作字无女子气，笔力峻激，其行书妙处，颇得王羲之法，少加以学，亦卫夫人之流也。”王羲之是谁？中国的书圣。卫夫人是谁？王羲之的老师。这样的人，这样的评语，谁还得到过？原谅克敬的孤陋寡闻，似无第二人。后来的人，也有见过《宣和书谱》的，代表人物如元末著名诗人杨铁崖，偶然得赏薛涛书艺，亦然情不自禁，写诗一首，以抒情怀：“红牙管带紫狸毫，雪水初溶玉带袍。写得薛涛萱草帖，西湖纸价可能高。”读着这样的文字，俗人克敬就只有震撼了。

如此令人震撼的书法，薛涛大概是写在她自制的书笺上吧！

历史上的诗家和书法家，应该是繁若星河了。而自制书笺，写诗作书，诗写出了大名，书作出了大名的，唯有她薛涛一人了。因此，她的书笺也是大有名气的，自她在益州的浣花溪畔制出第一页书笺起，就被人兴高采烈地誉称“薛涛笺”了！

石栏高出地面半尺，环绕成一个六角形的井圈，低头看来，井底的水幽幽的、静静的，想来风是吹不着的，却还有细的波纹在水面上晃动着，像是树的年轮一样，俗人克敬知晓，这是井水的语言，她会如满园的青竹一样，给克敬讲述另一个动人的薛涛了。

身世的坎坷，元稹的漠情，换成别样的一个女人，也许是毁灭性的打击，而薛涛就不同了，她会抹去眼角的泪痕，忍受悲愤和心酸，活出一个新的薛涛来。从一些比较含糊的记载和传说推算，薛涛创造性地制笺，该是倦居益州城西的时候，其时她经历了太多的磨难，自然包括与元稹那场叫她刻骨铭心的恋情。她已经不再介意，能够定下心来，做一件安慰自己心情的事。做什么好呢？栽桑养蚕是一种选择，辟地种菜是一种选择，还有别的什么选择也成，弄得自身一个饱暖，是很不错的。但那就不是薛涛了，她是脱俗的，她的选择也就只能是脱俗地制笺。

薛涛的这一脱俗的选择，才有当世人赞美、后世人欣羡的薛涛笺！

身为诗人的薛涛，又擅书法，无一日不与纸笺接触，对纸的感情和体会，比起一般人要深刻得多。哪怕是有着制造纸笺的专业工匠，多有造纸制笺的技术和经验，也少有用纸使笺的见地，这便是薛涛下誓自己造纸制笺的基础和动力。

至于薛涛对纸笺都做了哪些改进？使用了哪些先进的方法？《唐音要生》一书是有些记载的，“诗笺始薛涛，涛好制小诗，惜纸长剩，命匠狭小之，时谓便，因行用。其笺染演作十色，故诗家有十样变笺之语。”此外，《天工开物》也有这样的记述：“四川薛涛笺，亦芙蓉皮煮糜，入芙蓉花末汁……逆流名至今，其美在色，不在质料也。”

好一个“色”字，画龙点睛地道出了薛涛笺的精妙。俗人克敬在成都的街头，还觅得几处经销薛涛笺的小店，制作也还地道，凡十色笺幅为一标，或深红、粉红、杏红，或明黄、深青、浅青，或深绿、浅绿、铜绿、残绿，克敬掏钱购得一标，知道现在的薛涛笺，都是附会当初的笺色，却还是爱得用心，仔细地带回西安居所，置于案头，却不忍书写糟践。

俗人克敬走神了。仿佛自己走进了三月初三的传说里，平静的薛涛井汹涌泛滥、浮起一页一页的十彩纸笺，任人随意取用。明朝包汝楫的纪闻，是那样的美妙，只可惜仅是传说而已，是当不得真的。但其中包含的诗意和情怀，却是不能怀疑为假的，那就是后世人物对薛涛的深切怀念。正如宋之名相司马光的诗所写：

西来万里浣花笺，舒卷云霞照手鲜。
书笥久藏无可称，原投诗客助新篇。

身居高位的柳宗元，要为哪方客人投递人情呢？翻遍了他的珍藏，都觉得无可称道者，只有一纸薛涛笺，才能表达他的心意。俗人克敬便想，这位有幸收到薛涛笺的礼赠者，应该像柳宗元一样，有着极深的文化素养，不然，一标薄情的诗笺，无论多么精美，也无论多么适用，又怎能领悟那其中高山仰止的精神境界。

多少悲痛，多少哀叹，都在薛涛的心头回旋着，交付给她的花彩纸笺，千载绵绵，万世悠悠，迸射出薛涛生命不屈的火焰。

耳畔漫过飒飒萧萧的竹涛，还有锦江呜呜溅溅的喧响，俗人克敬沉浸在江喧竹涛的秋阳下，想把自己的肉体凝固成一尊虔诚的守望者。

2005年元月21日　西安后村

太史碑：凝视万千世界的眼睛

主题为“项羽没烧秦兵马俑坑”，副题为“时逢兵马俑发现30周年，百名中外学者共解秦俑谜团”的消息，是俗人克敬在2004年7月27日看到的，一时怀疑自己花了眼，看错了题，把刊载消息的《华商报》合起来，捂在眼睛上，静默了两分钟，展开再看，这才相信白纸黑字，明白无误地阐述了这一令人心惊的消息。

《华商报》在市场竞争中，非常重视刊发消息的权威性和可信性。俗人克敬清晨起来，最先捉在手里的物品，不是牛奶和面包，不是鸡蛋和蒸馍，而是克敬获赠的《华商报》。那日早晨亦不例外，在卫生间洗了手、洗了脸，在饭桌前展开《华商报》，看到这样的消息，一下子像吃饱了面包蒸馍，喝足了牛奶鸡蛋汤，傻呆呆地坐着，心头变得特别空，深愧我们民族的历史，怎么总是错讹百出，叫后世之人还怎么面对我们的文化！

消息是用了秦俑馆考古工作队队长刘占成研究员的嘴，来为项羽“申冤”了。他据理指出，秦俑坑虽存在火烧痕迹，但并非项羽所为。考古勘探显示，秦始皇陵的封土层未见掘扰破坏迹象，这从根本上否定了文献所记“项羽大规模揭顶开挖”秦陵的可能性。此外，秦陵封土中含有大面积的强汞异常区。汞具有极强的挥发性，如果陵墓内确实遭到项羽大军的劫掠和焚烧，墓内汞就会挥发干净，根本不会发现今天还有的强汞遗存。为此，刘占成提出了六条悬疑：

一　从已清理的俑坑看，每个俑坑门道的封门木遗存保存完好，没有发现项羽大军进坑的入口；

二　按理说，俑坑内兵马俑排列密集，对破坏者来说，进入俑坑后必然会推倒或蹬倒陶俑，这势必造成俑的依次叠压，可发现的俑坑中，东倒西歪的兵马俑，大部分是由于坑顶下塌而造成的；

三　没有发现兵马俑身上有打击点，这与项羽大军进坑打、砸的情景是不吻合的；

四　没有发现破坏者的足迹；

五　坑内文物的移位和缺失并没有那么严重；

六　俑坑的棚木痕迹保留完整，没有发现零乱或折断的现象。

那么，记载了这一虚假历史事件的“文献”会是国人尊崇的《史记》吗？如果刘占成的质疑成立，我们高山仰止的史圣司马迁，也便涉嫌说谎治伪史了。

书架上就有精装的《史记》，为上海古籍出版社编辑出版。俗人克敬随手卸下来，翻到卷七之《项羽本记》，仔细地读下来，到第217页上，赫然地标记了这样一段话：“项羽引兵西屠咸阳，杀秦降王子婴，烧秦宫室，火三月不灭……”编辑选用了黑体字型，其用心不言而喻，就是为了强调效果，使读者看上去，触目惊心，仿佛看着一个一个的黑色炸弹，为项王（羽）的鲁莽和荒唐扼腕浩叹。

俗人克敬没问刘占成研究员，他所列举的“文献”可是司马迁《史记》里的这段话？想必是的，对秦汉以前的历史记述，没有比《史记》更权威、更传神的记传了。即使还有别的文献，也都是以《史记》为根本，做些自己的推测和研究。这就不难想象，项羽3个月90天的一场大火，还能不烧到秦始皇的兵马俑坑！项羽是谁？原来楚国的一个贵族后裔。他起兵杀进关中做什么？报仇吗？报秦始皇灭国一统的大仇吗？他把咸阳城的居民都杀了，烧起一把火还不是举手之劳，顺理成章的事。

诗人的浪漫和臆想，在盛世大唐得到了极尽可能的发展。事过1000多年，自幼长在阿房宫遗址上的杜牧，以一首《阿房宫赋》的长诗，把项羽的那场大火，进一步推向了罪恶的深渊。

杜牧的《阿房宫赋》起笔便写了秦宫的壮美和奢华：

> 六王毕，四海一。蜀山兀，阿房出。覆压三百余里，隔离天日。骊山北构而西折，直走咸阳。二川溶溶，流入宫墙。五步一楼，十步一阁。廊腰缦回，檐牙高啄。各抱地势，勾心斗角。盘盘焉，囷囷焉，蜂房水涡，矗不知乎几千万落。长桥卧波，未云何龙？复道行空，不霁何虹？高低冥迷，不知西东。歌台暖响，春光融融；舞殿冷袖，风雨凄凄。一日之内，一宫之间，而气候不齐。

努力地放逐着想象，也没法想象诗人笔下的阿房宫，是怎样建造的。俗人克敬现在的手里，有了一支秃笔，常也不自量力地胡乱涂鸦，但克敬骄傲自己的木匠手艺，青年时曾经闻名一方，对于阿房宫的神奇，放大了想象，也无法想象那三百里的宫阙，在生产力尚欠发达的秦朝，需要付出怎样的伟力？克敬就只有感动，只有仰慕，从来不敢怀疑，所谓的阿房宫，原来只是个子虚乌有的半成品，到秦朝被灭三年，还是个烂尾工程；也从来不敢怀疑，项羽没有火烧阿房宫。

然而事实是，项羽既没有火烧秦始皇兵马俑，也没有火烧秦阿房宫。

就在研究专家得出项羽未烧秦兵马俑的结论不久，又有专家在长期发掘研究中，得出了项羽未烧阿房宫的结论。这篇文章最先由西安的媒体发出后，《新民晚报》和《今晚报》相继又做了深入的报道。2004年11月20日的《今晚报》发表的标题是：《千年盛名，名宫其实只是一个绵延千米的大土堆，当年也未被付之一炬，古人想象误导后人——揭开阿房宫“身世”之谜》。如此长的新闻标题，连新闻从业者的俗人克敬也觉少见，但却感佩他们做得好，一个标题，让读者即会一目了然：古人的想象误导了后人！

这位误导了后人的古人就是司马迁。即使后来作出《阿房宫赋》的杜牧，把阿房宫描写得绘声绘色、波澜壮阔、煞有介事，所受也是司马迁的误导。揭露这一真相的阿房宫考古队队长李毓芳，说她不是先知，从北京的中国社科院考古研究所初来西安发掘时，高龄60多岁的她，脑子里是有一个焦土深埋的阿房宫的，就如杜牧笔下的情景一样。但在不断地发掘中，李毓芳怀疑了。

李毓芳的怀疑是痛苦的。忠于历史真相，是考古

秦始皇陵兵马俑

工作者的基本素养。阿房宫前殿应该是秦宫的主建筑了，按照中国传统建筑理念，一切的附属工程，都要以前殿建筑为轴心展开。可就在前殿考古发掘现场，没有发现被火烧过的红土、灰迹的块结；就是在阿房宫前殿的台基勘探和试掘中，其地层关系还基本保持了耕土模样，这就是说，考古发掘没有发现丝毫支持项羽放火烧宫的证据。

“是时候让大家对阿房宫有个正确的认识了。”李毓芳老太太面对记者的采访，有一声无奈的叹息：“目前的考古发现，阿房宫没有宫，前殿现场只有半堵墙，连南墙都没来得及建起，很显然，当时盖得太仓促，而且尚未完成。”李老太太的话，俗人克敬在脑子里消化的结果是：盛名远播的“名宫”其实无

司马迁祠

宫。既无宫，项羽还烧个什么？

面对专家学者的考古结论，俗人克敬的眉头一直紧蹙着，不得展开来。克敬心忧的是我们奉为史圣的司马迁，他怎么能在呕心沥血的《史记》里对我们后世儿孙撒谎呢！

在以往的日子里，俗人克敬去了两次韩城，两次拜谒了司马祠。头一次在1986年5月，祖籍韩城的著名作家杜鹏程回故乡参加一项文化活动，适逢克敬在《延河》杂志改一篇稿子，受邀陪同杜，同时还有杜老的夫人问彬、作家李天芳等人。中国民族出版社当时的总编辑、民俗文学家马潇潇先生出差西安，也被杜老牵手去了韩城。马先生的书法作品了得，大家在拜谒司马祠时，焉能放过他，而他自己也有要写的冲动，为司马祠留下了一页浓墨重彩的题词。克敬记得，马先生的题词是：“司马千秋笔，龙门万丈涛。”再一次去韩城拜谒司马祠在2004年5月，俗人克敬陪同的是《随笔》杂志的老主编杜渐坤、《散文》杂志的老主编张雪杉先生。两位老先生都非等闲人物，对金石文字多有研究，仔细地阅读着一块块碑石时，竟也读到了马潇潇先生的题词。原来只是薄薄的一页宣纸，如今已成厚厚的碑刻了。

像这样的碑刻，不敢说汗牛充栋，说个丰富多彩是可以的。有一本小册子做了精确的统计，从半道的“高山仰止”石牌坊拾级而上，直至太史公的墓堆，有价值的石碑镌刻共57通，其中宋代4通，金代2通，元代1通，明代17通，清代31通，现代2通。俗人克敬细心地研读着这些碑文，发现无一通碑文不饱含赞颂慨叹之情。

最早的一通碑文是宋朝太常博士韩城县知事李奎的手笔：“一言遭显戮，将奈汉君何？……为览遗文来一奠，不知何在子长灵？”抒发了对直言敢陈，惨遭酷刑，愤而著书的太史公的思念之情。金代的提刑副使高有邻拜谒司马祠，题诗曰：“汉廷文物萃君门，良史独称司马尊。七十卷书终治备，三千年事是非存。”盛赞《史记》的博大精深，司马迁是史家的楷模和典范。最近的碑刻要数诗人、政治活动家郭沫若先生了，他为司马迁祠的题词是：“龙山有灵秀，钟毓人中龙。学殖空前富，文章旷代雄。怜才膺斧钺，吐气作霓虹。功业追尼父，千秋太史公。”郭老的题诗碑文，对太史公的评价是全面的，其高度堪称绝唱。

以上都是刻在碑上的高誉。而大量的、更具权威的评价，还都在历朝历代文化史学大家的著作里。已知汉代的扬雄、班固，就说：“太史迁，曰实录。”“不虚美，不隐恶。”这样的话，可谓一语中的，世称其当，后人皆服。唐代的韩愈、柳宗元亦说：“雄深雅健（《史记》）。”“浑然天成，滴水不漏，增一字不容；遣词造句，煞费苦心，减一字不能。”宋、元、明、清的大家言论就更多、更其溢美了。金圣叹的话是：“隐忍以就功名，为史公一生之心。”钱谦益的话是：“司马迁以命世之才、旷代之识、高视千载，创立《史记》……炳如日星矣！”梁启超的话是：“太史公诚史界之造物主也！……凡属学人，必须一读。”现、当代的学问大家，如翦伯赞、郑振铎、郭沫若、毛泽东等人，也多有颂扬赞誉之词，但最具代表意义的，当属新文化运动的旗手、思想家、文学家鲁迅先生的那一句话了，他在《汉文字学史纲要》一书中，专篇介绍了司马迁。认为“武帝时文人，赋莫若司马相如，文莫如司马迁”。司马迁写文章“不拘于史法，不囿于字句，发于情，肆于心而为文”，因而《史记》不失为“史家之绝唱，无韵之《离骚》”。克敬人俗言轻，不揣冒昧，想着也要说一句话，对人对事，不可把话说绝了，这一说绝，就打不开转身，像对史圣司马迁的评语，就有些说绝之嫌，现代考古证明，司马迁的《史记》有了失实商榷的地方，还能再发“史家之绝唱”的绝评吗？

作为一个史官，著作一部《史记》，司马迁的确是太不容易了。他的身上，具备了一个史官应该有的品质：直言敢谏，实录史事，不虚美，不隐恶，不为尊者讳，不为亲者讳。深入实际，行万里路，调查考核，勇敢地揭露和批判了历代帝王和宠臣们的种种劣行：荒淫、奢侈、残忍、自私。他的这一态度，怎么能为专横残暴、好大喜功的汉武帝所容。在一次庭议出征匈奴兵败被俘的大将李陵时，司马迁逆着满朝文武的口舌，为李将军力辩，而获罪于汉武帝，被判以死罪。汉廷的刑律，像司马迁的死罪，也可以不死，一是拿钱来赎，二是以腐刑代替。司马迁没有赎罪的金钱，又不想死，还要把他的《史记》写下来，就只有忍辱接受腐刑了。

汉武帝的这一刀，可以夺去司马迁的男势，却不能夺去司马迁的男儿志。

从此，司马迁的用心全在了一部《史记》了，他忍辱苟活，秉执着“究天人之际，通古今之变，成一家之言”的大目标，将自己心中所有的“愤”和“想”，全都倾注到著书立说的伟大事业中去了。笔下寥寥不多的文字，就能生动传神地刻画出一个历史事件，或一个历史人物。像他描写西楚霸王项羽时，从巨鹿战役入手，写了项羽大军渡河，然后沉掉所有船只，并下令只带三天的食用，与秦军决一死战的决心和气概。战斗结束后，项羽召见各路将领，当他们进入项羽的行营辕门时，没一个人敢抬头走路。这是对项羽威仪的描写。到项羽兵败被围垓下的情景，描写上就更为感人。项羽慷慨而歌：“力拔山兮气盖世，时不利兮骓不逝。”其时，项羽大军只剩28骑，他的慷慨悲歌，十分传神地刻画了英雄末路的壮烈，以及无力挽救失败命运的复杂心情。数千追兵团团围住了项羽，一步一步地迫近着，项羽圆睁双目，突然怒喝一声，就把汉军吓得后退了好几里。

读着这样的文字，谁能不为司马迁的用墨而喝彩呢！

在描写汉王刘邦时，司马迁选用了入关时刘邦与民约法三章的故事，使政治家的风度得到了最大限度的升华。自然，司马迁也避讳刘邦好谩骂的流氓习气。有一回，韩信修书刘邦，要求封他个假齐王。刘邦非常生气，骂人的话在嘴边已吐出了一个字，偷眼看见张良给他暗示，又立即收回转换话题，说：“大丈夫平定诸侯，要做就做真王，做什么假王呢？”在这里，司马迁用字不多，却活灵活现地刻画了刘邦善于随机应变和玩弄权术的性格。

然而，司马迁所受时代的限制，他自己虽然也能深入实际，走到民间去，游历生活，足迹到达会稽，访向夏禹的遗迹；到达姑苏，眺望范蠡泛舟的五湖；到达淮阴，访问韩信的故事；到达丰沛，造访刘邦、萧何的故乡；到达大梁，访求夷门，并考察秦军引河水灌溉大梁的情形；到达楚地，仰拜春申君的宫殿遗址；到达薛地，叩访孟尝君的封邑；到达邹鲁，拜谒孔孟的家乡。此外，他还北过涿鹿，南游沅湘，西往崆峒……一路的壮游，广闻增识，眼界为之大开，然后才有了他的《史记》。

如果司马迁作的是一部纪实文学，这样的用功和用墨是不错的。可他作的是一部《史记》，那么周游一番，把街谈巷议、道听途说的东西，敷衍成章，套在历史事件或历史人物的身上，以为历史真实，就有失庄严和神圣了。

不是俗人克敬这么说。胡适先生早就已提出质疑，认为“太史公写《史记》，多半根据的是街谈巷议”。还以吕不韦的故事为例，证明《史记》所写，哪儿能是“历史”呢？充其量算是一部历史小说而已。

《史记》里的吕不韦，是赵国的一个大富商，有了钱就想投机政治。他在赵国的都城邯郸，结识了一位秦国的失意王子子楚，以为“奇货可居”，在子楚头上大搞政治投资。吕不韦的政治手腕相当奸诈，把他自己怀孕的一个妾室，送给暂为“人质”的子楚做老婆，生下一个儿子。这个儿子就是后来的秦始皇，所以秦始皇是吕不韦的儿子呢！

有了这样的政治资本，吕不韦潜入秦国，花了大钱，又与他原来的妾室拉上裙带关系，一下子便坐上了秦国“丞相”的高位。等到短命的先王一死，立马扶持他的儿子坐上王位。他儿子年龄尚小，他便一手遮天，当起了小皇帝的“仲父”大人。

岂知，年轻的小皇帝，后来的秦始皇，可不是个省油的灯。年纪渐长，开始抓权时，首先揪住了吕不韦的尾巴，逼得身为“仲父”的太相国，自杀身亡。罪名荒唐得叫人难以置信：色胆包天，敢与太后私通。

司马迁的文言文，俗人克敬担心现在的读者较难懂，故而翻成白话文。自知翻得不好，为方便读者记，也就少有顾虑，愿与读者一起品味司马迁的文法，实在是太多小说的韵味了。胡适先生以他的睿智和学养，通览《史记》，认为像吕不韦这种小说化的描写至少还有数十处。

嗟乎！让胡适先生这么一说，克敬急忙举手捂住了自己的眼睛。加之考古学家刘占成、李毓芳对项羽火烧秦宫和兵马俑历史真相的澄清，克敬真是要羞于再读《史记》了。

这只是俗人克敬的泄气话。两次北去韩城拜谒司马祠，遍阅兀立在他祠院里的碑记，体会着他的不屈精神，焉能因为《史记》中些许描写的小说化而抹杀。克敬斗胆写出此文，面子上看似挑刺，实则为了《史记》更真实，为了司马迁更光彩。前人就不说了，后人还会沉浸在他博大精深的《史记》中，不论贤愚，都将为他所影响，套用宋代关学大家张载的话说，真正的是“为往圣继绝学”啊！

2005年元月22日　西安后村

禁约碑：没有约束不成规矩

读到过一份报告，是由中国人民大学清史研究所的王道成教授执笔撰写的。王教授考证，清朝的中国，共有1591个县，换句话说，铁打的衙门流水的官，有多少个县就一定有多少个铁打的县衙门了。遗憾的是，许多极具保护价值的县衙，在清朝政府溃塌如一缕过眼云烟时，差不多都被拆成了一堆残砖碎瓦，唯河南省的内乡县衙保留至今，能说不是一个奇迹?

俗人克敬正是怀着这样一腔的感激之情，越秦岭、跨默水，来到内乡县一睹古县衙的芳容的。克敬感动自己不虚此行，欣欣然徜徉在整修如初的古县衙内，并没有因为是封建专制时代的产物而感压抑，倒觉得有许多东西，依然不失其积极向上的意义。如县衙三堂前的那副楹联所倡导的：

> 得一官不荣，失一官不辱，勿说一官无用，地方全靠一官；
> 吃百姓之饭，穿百姓之衣，莫道百姓可欺，自己也是百姓。

热情的讲解员，看出了克敬对这副楹联的兴趣，特意在这里逗留了一会儿，娓娓动听地告诉克敬，1995年6月8日，领导在视察内乡县衙时就对这副楹联赞不绝口。后来，另一位领导也来内乡视察，参观古县衙时，给了县衙三堂前的这副楹联很高的评价。之所以高度称赞这副楹联，首先在于楹联比较准确地表述了官与民的辩证关系。民是官的衣食父母，官是民的个中一员，所以为官者，只能为民着想，为民谋利，切不可高高在上，作威作福，鱼肉欺压百姓。讲解员说，楹联的撰写者为康熙年间曾任内乡知县的高以永所作。浙江嘉兴人的高知县，昼行夜宿，下马乘舟，下舟骑马，风尘仆仆来到内乡任上，面对的是一片战乱之后荒芜的田园，即便他升堂问事的县衙，也破败得穿风露雨，灰尘厚积的书案之上，卧着的却是一只干成骨架的老鼠。撂下书匣和行李的高知县，也只是打来一盆水，洗去脸上的尘污，这就走出县衙，贴出告示，广招贫民开荒垦殖，流民因此纷纷返乡，当年即拓荒种植40余顷，其中还有他挥锄开垦出的几亩田地，与民一起耕种。一时之间，高以永“慈祥之声传闻遐迩”。

不是俗人克敬多嘴，封建官吏高以永这样以民为本、以民自居、为民造福之思想者，在我们今天的官员来说，能切实做到，亦然十分难能可贵。

楹联的另一层意思，在于告诫人们要正确对待个人得失、升迁荣辱。它旗帜鲜明地指出，一个人不因得到官职而忘乎所以，也不因失去官职而耻辱难耐，要淡泊名利，经得起宦海沉浮。官职一旦在身，就担负着治理地方、造福百姓的重任，对此定要铭记在心。

内乡县衙的楹联，把官与民的辩证关系，表述得通俗透彻，极富理想哲思，令人过目而不忘。除了三堂前的这副楹联外，还有县衙大门上和夫子院的两副楹联，亦然对仗工整，遣词直白，很是为人所注目：

治菊潭，一柱擎天头势重；
爱郦民，十年踏地脚跟牢。

联中的菊潭与郦，都是内乡县的古称。上联所要表达的意思为，作为一个地方官，上受皇命，下系百姓，肩负一柱擎天的责任；下联呼应着上联的意思，警告为官内乡，必须要脚踏实地，不图虚名，干出些造福民众的事情来，这样的一副楹联，刻木悬挂在县衙大门两侧，不啻一个安民告示，所标榜的，是要老百姓监督为官者自己，可否如楹联所写，务实有效地践行了自己的责任。

县衙二堂之后，有一处过渡性的天井，东、西厢房是县令的幕友钱谷、刑名师爷的办事地方。因为旧时知县尊称他们为夫子，所以天井小院，就有了一个夫子院的俗称。

夫子院的楹柱上又有一副补白似的楹联：

为政不在言多，须息息从省身克己而出；
当官务持大体，思事事皆民生国计所关。

不言而喻，联句所要告诫身有公务的人，务必要敏于事而慎于言，少说多做，身体力行，克己奉公，同时，还要胸怀大局，考虑问题，根本的要从国计民生的目标着眼。这种务实的提倡，克敬以为，到什么时候都不过时。

浸淫在内乡县衙那浓浓的文化氛围里，俗人克敬的眼睛不够用了，思想在急速地运转着，看看被我们曾经大力批判过的封建旧时代的官吏，是怎样要求自己、管理自己的。面对他们远去的背影，我们难道不该汗颜羞愧吗？俗人克敬这么说，绝不是要为封建社会招魂，克敬知晓那个社会的没落和局限，也知道在那样的时代，为官者的德行，亦然不可避免地带着那个社会和时代的烙印，其中不乏腐朽糟粕的东西，但也不失传统高尚的物理，这正是我们所要分辨的，在科学合理地分辨后，抛弃腐朽糟粕，发扬传统高尚，我们今天倡导的全心全意为人民服务的精神境界，就一定会有一个质的提升。

咀味内乡县衙的楹联，俗人克敬仿佛喝下了一杯千古醇酿，心头暖融融的，血液在脉管的流速加快了。原来有点麻木的灵魂，顿然有了一种醍醐灌顶的激活。俗人克敬兴奋着，这就看见了那块禁约碑，这是比读楹联更叫克敬激动的物事。

高约3米的一通墨玉碑刻，原来耸立在内乡县衙的门之左侧，很有些巍峨的模样，半圆的碑首上，赫然大刻着《三院禁约》4个字。何为“三院”，俗人克敬仔细地阅读着碑文，知道为钦差督理驿传道河南等处提刑按察司副史王、钦差巡抚河南等处地方提督军务都察院右佥都御史李、及巡按河南监察御史曾，由他们三人所案验核批的。碑文在今人为了署名事宜，把官司打得满天飞的重要问题上，表现得都极马虎，只有王、李、曾三人的姓，却没有名和讳，这在俗人克敬阅读过的碑刻上，是十分罕见的。但三院驿传、巡抚或巡按到河南内乡的“禁约”主张，却一点都不马虎，条清规晰，理直由端，不由晚生数百年的克敬而感佩了。

他们“三院”的首长，都是在明朝万历三十九年（1611年）为官时，收到知内乡县令易三木等人的陈条议报而做出这一决定的。县令易三木的陈议，列举了“驿递疲困”，地方无力承担，累年增加民赋，导致民怨的事情。“三院”首长，看来都不是尸位素餐的庸官腐吏，接到易三木县令的陈议，先有提刑按察司副史王、都察院右佥都御史李立马批示：“驿递苦累极也！不一严行禁约，何以得苏？如议，刻榜通行，违者呈报究治。”接着，巡按河南的监察御史曾，也传来他的批示：“如议行，交扎府贴，县刊榜文张挂，常川晓谕。”

易三木县令的手里，有了“三院”首长的批示，他岂会犹豫，紧赶慢追，于万历辛亥年秋月吉日，于县衙前立起了这通传之今世的禁约碑。风剥雨蚀霜浸，加之人为的损毁，光可鉴人的墨玉碑面上，有些文字已不能看得清楚，但碑文所禁事项，还是能够看得明白。

俗人克敬昂读俯阅，知晓所禁事体为；

> 禁滥用应付。窃照中州挂号素多宽假而迩者，委之以稗官，尤为易与。非挟之以威，则啖之以利，往往曲意阿承以至冒滥，日甚一日……以后各省入境之始，如有挂号官仍前冒滥者，本道验出，官以溺职，呈院究处。经承人役，坐脏究罪。
>
> 禁站前勒索。窃照使车经临，必有前站，盖为催备夫马而驱之使前耳。奈何，此辈狐假鸱张，至驿横索。惜马之钱长鞍三百，短鞍二百文，孰为成规？……需索厨役，冤痛杖下，驿递受前站之荼毒极矣！……大书奉院明文，禁革前站需索驿递。如违，许该驿经禀本官究治。
>
> 矿、税差使牌外横索。窃照矿、税中官之使类，多亡命巨奸。一遇差遣，视为利薮。裂眥攘臂，讵挟无所不至。近如保安驿申称：督造府差人王承爵……嗔该驿愧不如数，狠打马夫，又炮死前站马一匹，何等凶恶！除行南阳府查究外，今后凡矿、税、督造各监差人，止许牌照应付，如有恃强外索者，该驿飞报两院究治。优惟宪裁。
>
> 饩廪通议成规。窃照驰驿一切往来冠盖，坐司小饣俱有定则，京堂科道官轿一乘，膳银二钱五分；部属，中行官轿一

乘，膳银二钱。乃本省两院，及司、道、府、厅，经临驻宿之所小饣下，中火俱属该驿供应，并不登报循环，夫公出廪饩，此省直通例……

原谅克敬不能把禁约碑上的文字全都抄录下来，因为所禁之约，非常仔细琐碎，照抄照录，还要耗去许多笔墨，就只有择其要者选录部分，即如此，想来大家已能读懂碑文所要揭示和禁止的东西了。

俗人克敬虽然阅史有限，但对万历朝乃至明末的情况还是了解一些。正如禁约碑所揭示的，其官场上的状态堪称一团糟，政治上腐败，生活上腐化，地方官员不去说了，过境的官员也敢巧立名目，大吃大喝，横征暴敛，使得小小的内乡县驿馆，难以招架，不堪重负，这才有了县令易三木的陈议，这才有了易三木竖立的禁约碑。

竖立在内乡县衙门口的禁约碑，是一块不朽的盾牌，自它耸立起的那一天，便以其坚固的质地，抵挡着南来北往的歪风和邪气，让人现在看上去，都有一股凛然不可违谬的正气。唯其如此，俗人克敬面对冰冷的禁约碑，便十分地感念内乡旧时的县令易三木了，他本人肯定如他竖立的这通禁约碑一样，是位铁面无私、敢言直谏、两袖清风的好官，这是内乡山水的大幸，更是内乡百姓的大幸。

易县令和他竖立的禁约碑，是内乡县历史上的一个光辉典范，禁约碑不倒，就有主持内乡县务的好官不断涌现。俗人克敬手头的资料不多，知道明朝嘉靖年间的李铨，在知内乡县时，很是为百姓办了些实在事，而后大受人们所称道，志书有云，称其“清慎精明，吏畏民怀，于各里设桑园，教民蚕绩，捐俸施药，病者多所活，祀名宦”。清朝乾隆年间，有位叫徐荀龙的进士来内乡县任职。虽然他的任期不是很长，其贡献为后人所不忘，同样地志书留名，曰："捐廉俸，构味经书院十余年，生童来学者，每日给膏火银五钱，远方会课诸生，亦配给纸笔，规则八条，阐明教学之绵，士子感之，立德教碑。"此后，章炳焘坐到内乡县衙的高板凳上，他这一坐，竟是9年的光阴，差点儿坐烂了内乡县衙的一把老榆木的官椅子，很自然地，他没有白坐，所有的作为都有志书为凭，说他任上"兴土木建院堂，设粥厂济贫乏，办田重农务，深得民心"。可是他，太不会讨巧上级了，转调他处任职时，遭谗罢官去职，手中竟无糊口养生的银两，流离失所，辗转重回内乡县境，百姓商贾见而闻之，莫不挥泪解囊相助，他自己也是泪湿衣襟。

李铨、徐荀龙、章炳焘这样的深受内乡民众爱戴的封建旧官吏，内乡县的志书上还有一些，而流传民间，挂在老百姓嘴上的，代代相传的好官，比志书记载的还要多一些。

人心是杆秤，谁好谁坏自分明，为老百姓做了实事、好事的人，不论你是封建旧官吏，还是我们社会主义今天的人民公仆，老百姓是会感激他们的，并永远地记着他们的善，反之，老百姓就会唾骂他们，同样永远地记着他们的恶。

面对着禁约碑，俗人克敬在心里感叹着。

有那么一小会儿，克敬还感受到禁约碑镜鉴一样的光焰，刺激着自己的眼睛。克敬恍惚看见了李铨，看见了徐荀龙，看见了章炳焘，他们站在历史的深处，透过他们曾经日夜相伴的禁约碑，无不忧虑地盯视着现实的我们。

2005年2月24日　西安后村

自由碑：眼前黑难掩心中亮

庐山，一座挺立在民族脊骨上的山峰。

懂得一点近代史的中国人，心头上的庐山，有太多神奇和秘密，犹如鄱阳湖升腾着的雾气，笼罩了迷茫的庐山，总难识得它的真面目。人的眼睛是好奇的，心是好奇的，正是因为庐山的神秘，许多身怀大才、胸有大志的人，如过江之鲫，沿着崎岖陡峭的盘山小径游上了庐山。俗人克敬的眼睛看不很深，朦胧中首先看见的是一位英国的传教士，他给自己起了中国化的名字：李德立。1886年的冬天，他找了一位向导，孤独地站在庐山之巅，听向导给他讲大明朝的天子朱元璋，讲大宋朝的文豪欧阳修……李德立的蓝眼珠眨动着，显然地他听迷了，知道中国历史上，早他千百年，已有众多志士仁人，在庐山留下了他们不朽的足迹。李德立妒忌着他们，但同时又敬重着他们，决心在他们曾经涉足的庐山上，开创一个新时代。

寂寞的庐山，在一百多年前，因为李德立一下子热闹起来了。看吧，来了一批批的达官贵胄，来了一批批的文人墨客……他们来了走，走了来，使一座兀立在鄱阳湖烟雾中的庐山，有了特别丰富厚重的内容，特别壮丽凄美的故事。

李德立也成了其中的一页内容和故事，这是他所始料未及的。他脑子里盘旋着的是一个商人的智谋，千方百计地从清政府的手里弄到一纸合法的开发权，他便住在了庐山上，忘记了他原有的传教士身份，组织劳工，盖起一座一座的别墅，使原来荒无人烟的庐山之巅，成了一座欧陆古典风情的新城。人们爬到庐山上来，谁不是撵着这美轮美奂的欧陆古典风情，在那如庐山青松一样众多的达官贵胄和文人墨客中，最引人注目的有蒋介石和宋美龄，有毛泽东和江青，围绕着这两对夫妇，还有很多很多的名宦和美媛，任何一个人，写出来都是一部波澜壮阔的大书。然而这不是俗人克敬所要探寻和触味的。

克敬爬上庐山，很坚决地躲开了那一切，绕道偏在庐山一侧的植物园，寻找一位文史巨匠的踪迹，他就是坚持“独立之精神，自由之思想”的陈寅恪。

果然是一处清静的地方，不像“美庐”，这宋家三姊妹中的老小宋美龄当年的陪嫁，国民党的主席蒋介石，作为宋美龄的丈夫，自然住了一些时日。后来，毛泽东也曾多次光顾“美庐”。应该说“美庐”当之无愧地为庐山第一美庐，其所设计，充分适用了美国建筑学家路易斯·沙利文开创的“以形式服务功能”的建筑理念，使别墅化的一座洋房，充盈着家庭生活式的温馨气氛。美庐是一座精美的英式别墅，石木结构两层，占地千余平方米，而庭院甚为宽广，四周种满了参天大树。其庭院布置也颇具特色，中西合璧，庭园依山就势，围墙很低。庭园内有条清泉和冷浴池相连，既增添了生机，又反衬出庭园的幽静。但这些都不是蒋介石喜欢这里的理由，颇重风水的他，认为“美庐”背倚大月山，前临长冲河，这就有了坚定不移的“靠山”，有了流水不断的“吉象”。1959年6月29日，兴致不错的毛泽东和江青走进了“美庐”。毛泽东的豪迈和幽默，在他一脚踏进“美庐”的那一刻得到淋漓尽致的表现。毛泽东操着浓重的湖南口音，大声地说道：“蒋委员长，我来了！”毛泽东一来，就不客气地住了下来，一住50天，组织召开了著名的“庐山会议”。此后，毛泽东又两上庐山，每一次上来，都要住在“美庐”里。这样就使一座西洋建筑风格的“美庐”，染上了太多深重的政治色彩。因此，“美庐”就难得清静，难得不热闹了。不像陈寅恪安葬在植物园，虽然同在一座山上，其境况是大不相同的。

杉树、水杉、墨杉、柳杉、罗汉杉、红豆杉……一路走来，总是俏拔端庄的杉树，风从树梢上掠过，就有鸟儿的鸣叫，脆生生地从这一棵杉树，响到另一棵杉树上，甚或从另一面葱茏的山林，响到这一面透碧的山林来，俗人克敬几乎要迷醉了，张口呼吸着植物园的空气，感觉得到丰富的氧离子，仿佛细碎晶莹的冰屑，扑面而来，撞击着自己的鼻翼和舌尖，克敬便有了一种如沐春风的爽朗。

转过一个不大的山弯，眼前豁然一片开朗，走不尽的杉树林忽拉拉隐退去了，克敬这就看见了一个人工铲筑的平坝，并排着立起四通石碑，不劳别人介绍，克敬识得出陈寅恪的墓碑。与其他三通石碑不一样，他的石碑是在庐山上就地取材的一块大大的砾石，没有雕凿，没有打磨，完全保留了二三百万年前

陈寅恪墓碑（局部）

第四纪冰川留下来的原始形态，只是请来工匠，刻上了黄永玉书写的、陈寅恪一生为之持守的10字修身治学原则：

独立之精神，自由之思想

庐山有陈寅恪的故园，他的父亲陈三立，在光绪皇帝推行戊戌变法时，与谭嗣同、徐仁铸、陶菊存并称“维新四公子”。变法失败，陈三立被革职，而他的父亲，任职湖南巡抚的陈宝箴被慈禧太后“赐死”。怀揣一片爱国之心的陈三立从此不再入仕，归隐庐山，专心致力于诗文写作，成为民初著名学者和诗坛泰斗。他们的家就安在牯岭的松树路上，现在编号为60号的“松门别墅”。因此，陈寅恪归葬庐山，是神人共安的一件事，虽然那个归葬的过程十分不易，一直到他死后34年，即2003年6月从广州女儿的家中，得以辗转北上庐山，安葬故园，叫死得凄凉的陈寅恪在天之灵，获得些许的安慰。

与先生安葬在一起的还有庐山植物园的“三老”，他们是植物学家胡先啸、秦仁昌、陈封怀。可巧，这陈封怀还是他陈寅恪的本家侄子哩。这应该算是陈先生的幸运了，也许他生来受够了孤独，化作灵魂时，就该得到感情和亲情的陪伴。

新世纪的阳光，透过婆娑的树影，斜照着还很崭新的陈寅恪墓碑，克敬读着碑上草书的10个大字，眼睛突然有一种火光燃烧般的灼痛，同时听到了一声一声的呼号，那呼号是陈寅恪不屈的灵魂发出来的吗？他在呼唤着：“独立”和“自由”！

为了“独立”和“自由”，陈寅恪呼唤了一生，他喊在黑暗中，也喊在阳光下，喊在暴雨中，也喊在和风里……他一直在呼唤，直到生命的止息。可什么是“独立”和“自由”呢？谁能解释得清楚？俗人克敬听了许多的解释，一会儿明白了，一会儿又糊涂了，心里便存下了一个很难破解的困惑：“独立”和“自由”！克敬很想问一问陈先生，但自己生来太晚，不能到陈先生的面前去问了。这就积累下了一个心愿，想着有一日到先生的墓前去问，人站在了他的墓前，面对了他的墓碑，却问不出声了。克敬怀疑先生也不一定能回答他所操守的“独立”和“自由”到底是个什么东西？

是先生的学问？是先生的态度？

俗人克敬岂敢断言，那就只有更近地接触先生了，从他的学问和态度入手，做些必要的探究，或许有助于理解他的“独立”和

“自由”。

少受家学影响，及长，又渡海日本和欧美求知，堪称学富五车的大师。同时代的吴宓，在哈佛刚一认识陈寅恪，就向朋友宣称：“合中西新旧各种学问而统论之，吾必以寅恪为全国最博学之人。”还有个吴世昌，当年在与唐兰纵论天下饱学之士时，亦曾大言直说：“当今学者称得上博及群书者，一个梁任公，一个陈寅恪，一个你，一个我。”获此高誉，陈寅恪是绝对担当得起的，有个小例子搁在大家面前，不服是不成的，就说他懂得的文字吧，自己的母语不说了，藏文、蒙文、满文、日文、突厥文、回鹘文、吐火罗文、西夏文、朝鲜文、梵文、巴利文、印地文、俄文、古波斯文、希伯来文、东土耳其文等，多达20多种。日本人白鸟库吉，据说是东洋学泰斗，当他研究中亚史遇到疑难问题时，向他认识知名的德、奥学者求教，结果还是说不清楚，就有柏林大学的教授推荐陈寅恪，白鸟库吉请教来了，没费多大口舌，他遍访世界不得解的历史问题，在陈寅恪跟前迎刃而解。后来，连谁说他是陈寅恪的学生，白鸟库吉也会马上趋前，点头哈腰，不胜敬佩。再是前苏联的一个例子，中苏友好，人家是老大哥，考古时发掘出一块突厥文的碑刻，叫谁去都是狗看星星不辨稀稠，这就找到老弟中国，泱泱数亿人，唯有陈寅恪，不费吹灰之力，破译了个水秀山清。即便到他双目失明，不能阅读一字一句，却也凭着他的记忆，完成了一部80余万字的《柳如是别传》。克敬仔细地读了先生的这部大书，由三联书局印行的三卷本《柳如是别传》，读得克敬的心如飓风拂过水面，波涌浪翻，不能自禁，眼睛亦如烈焰炙烤，泪水涟涟，难以休止。那是先生心血的凝聚啊！叫人就只有感动了。诚如他的助手黄萱女士所感慨的：“寅师以失明的晚年，不惮辛苦、经之营之，钩稽沉隐，以成《柳如是别传》。其坚毅之精神，真有惊天地、泣鬼神的气概。”

陈寅恪的著述，何止于一本《柳如是别传》，克敬书架上的收集有限，一溜排开，亦然蔚为大观，记有《隋唐制度渊论稿》、《唐代政治史述论稿》、《元白诗笺证稿》等书之外，还有以他的旧文编辑的《寒柳堂集》和《金明馆丛稿》。然而，这一切还是不能概括先生的巨大成就。以克敬的浅识，先生的一生，留给后世的珍贵遗产，还应加上他顽强不屈的人格力量。

在先生的生命历程中，他有太多飞黄腾达的机会，可他固守着自己的良心，固守着自己的追求。太平洋战争的爆发，阻绝了他去英国剑桥大学任职汉学教授的道路，他赋闲在家，日本当局持日金40万委任他办东方文学院，他坚决地拒绝了。随后，他辗转香港广州，逃脱日本鬼子的眼睛，来到桂林，执教逃亡的广西大学、中山大学、燕京大学。当时，面对民族危亡，国民党政府腐败无能，消极抗日，积极反共，先生深感痛心，而桂林的一些御用文人，竟发起向蒋介石敬献九鼎的无聊活动，知道陈寅恪的影响大，极力劝他参加，他作《癸未春日感赋》以示讽刺拒绝，赋曰：“九鼎铭辞争讼德，百年粗粝总伤贫。”直到抗战胜利之后，国民党中央研究院历史语言研究所的所长傅斯年要他去台湾，他仍然坚决地拒绝了。

先生在祖国大陆是准备多做些历史研究的。他有意避开闹嚷嚷的首都北京，偏居在广州的中山大学，埋头于他的学问与研究中，想要做些实际的事情，这就是他的幼稚了，巨匠大师在一些看似无关紧要、实则非常紧要的事情上，表现得往往都很幼稚。陈寅恪就是这样，他错误地估计了形势，中国科学院遴选学部委员，没有了他怎么行呢？曾任中科院党组书记的张稼先有一本《庚申忆逝》

的回忆录，详细地记述了这件事，认为陈寅恪是学科的权威，不选是不行的。若选，陈寅恪一再申明他不信仰马克思主义。最后只有请示毛泽东了。毛泽东的批示三个字“要选上”。御批的指示，陈寅恪很自然地成了中国科学院社会科学部的委员，接着又成了中国文史馆的副馆长、第三届全国政协常务委员。

然而，他毕竟是陈寅恪。到了1953年，郭沫若出面请他出任科学院历史二所的所长时，他文化人的倔脾气终于又犯了，公然提出，担任所长可以，但历史二所有他，就不学习马列，并且要求毛泽东或刘少奇给他一个亲笔批示。

这可能正是陈寅恪坚持“独立之精神”的根本要义。试想，他一生所推崇的，学术必须疏离政治，史学一旦沦为政治的附庸，就无异于宣告他的灭亡。陈寅恪不赞成史学为什么服务，与什么结合的口号，他坚信所谓“服务史学”、“应用史学”必然沦为庸俗史学。所以他不随波逐流，不虚应故事，那样他就不是陈寅恪了。就像他游学欧美，读过多所名牌大学，却从来不谋取一顶博士的帽子，却又有清华国学院和英国牛津大学发给他的导师聘书，这还不算完，他还荣耀地获得了英国皇家学会研究员的头衔。这似乎有点叫人匪夷所思、纳闷难解了。可听他自己说，问题却十分简单：考博士有何难哉。两三年被一具专题束缚住，就没有时间学习其他知识了。这是先生的逻辑，只要能学到知识，有无学位并不重要。这与现世的人相比，不仅“独立”，而且“独特”，现在的学人治学，有谁不是为了学位？不是为了职称？不是为了项目经费？至于研究的学术成果，有用没用，是真是伪，嘿嘿一乐，背身而去，管他呢！

这么说，俗人克敬知道偏激，也知道不全是这样，很有一些东西对民族、对国家的兴旺发达起了积极的作用。这就对了，肯定地叫陈寅恪先生是会欢喜起来的。1964年10月16日，中国成功试爆了第一颗原子弹，陈寅恪就非常高兴了，在“文革”中写给“造反派”的交代材料中有这样斩钉截铁的一句话：“我国有了核力量，将会更加强大！”历史学家的陈寅恪，有2000多年前被去了男势的司马迁一样的骨头，受辱不屈，威胁不惧，要说就说真话，要做就做真事。

既是这样，他亦如司马迁一样，就很难不受伤筋动骨的灾难了。先是双目失明，次后又是“膑足”，再是“革命造反派”的揪斗。这是最高统帅支持下的揪斗呀！不是过去的请客吃饭，温良恭俭让，是斗争，敌我的、你死我活的斗争呀！封建的反动学术权威陈寅恪，从1966年的冬天开始，在高压下一次次地进行检查交代，他的交代是必须触及灵魂的。他写了多少交待材料呢？好像没有一次能够过关，所说都只是一些说明。如他在1967年4月2日的交代材料上写的：“一，我生平没办过一件不利于人民的事情。我教书四十年，只是专心教书和著作，从未实际办过事；二，陈序经（原中山大学校长，一个关心支持陈寅恪的领导）和我的关系，只是一位老校长对一位老病教授的关系。并无密切的往来。我双目失明二十余年，断腿已六年，我从来不去探望人。三，我自己的一切社会关系已向中大的组织交代。”

晚年的陈寅恪，已经不能从事他热爱的史学研究了，他的所有文字，几乎都是这样一类的“声明”及申述书函。就是这样的“声明”及申述书函，让我们后来人读起来，仍不失一个对自己所言事情的真诚态度。因而，在他“反动学术权威”的高帽上，由中山大学的“革命群众”又累加了“反动透顶”、“恶毒之极”两顶新帽子，并万众怒吼、咒骂：“就让他带着花岗岩脑袋见上帝去吧。”

病情深重的陈寅恪，的确是快见上帝了。

差不多与他一样被归类在“反动学术权威”中的人，有许多已经自觉去见上帝了。扫地出门的陈寅恪知道他也快了，但他还“不甘心”。中山大学的档案材料是这样描述的：“陈寅恪对于蒋家王朝的覆灭，‘对于亡国、共产党是不甘心的’（原文如此）。他声称‘不吃中国面粉’，‘不为五斗米折腰’。他狂叫‘兴之遗恨尚如新’。他还说‘……死了以后，骨灰也要抛到海里，不留在大陆’。在“文革”中，革命群众对他也确实愤恨至极……”这就是陈寅恪的“不甘心”吗？显然只是一伙“造反有理”的家伙所作无限上纲的叫嚣。由此可能折射出历史在那个混乱时期的陈寅恪，所纵死“不甘心”的是他赖以为精神思想支柱的“独立”和“自由”的毁坏垮塌！

陈寅恪“不甘心”就见上帝，是希望“独立”和“自由”的复生和成长。病痛压不垮他，“革命的风暴”也压不垮他，生命在他的身上绽放出叫人惊异的光芒。他要活下去，顽强地活着，但他却不能不为他的爱侣所忧虑了。1967年夏，伴在他身边四十载的书香家女子唐筼，不能忍受造反派在她家轮番作恶，突发心脏病，濒临死亡。就在这时候，陈寅恪为爱侣写下了一副“遗恨塞乾坤”的预挽联。联云：

涕泣对牛衣，卌载都成肠断史。

废残难豹隐，九泉稍待眼枯人。

这是陈寅恪留给人世的最后一副对联，非是文化意义的，更非是政治意义的，完全是他对人的生命的一种感受。我们现在品咂这副联语，所能感受的只有无限的凄凉，历史和现实强加给人的种种“俗累”，在生命终将结束时，逐渐地隐退了，回复到本初的质朴：万般忧愁，活着既有所求，死便不甘。

然而心有不甘又能怎样呢？铁打的精神，钢筑的意志，经不起“革命的喇叭”吊在陈寅恪病床上的叫嚣，每有他的名字在喇叭里出现，他便浑身发抖，尿湿裤子。就这样活活地“吵”死了，死在了他心所牵挂的爱侣唐筼前头。要咽下最后一口气了，他对到病房察看的中山大学“革委会”来人承认自己是“反动学术权威”。他不是一直在“声明”、“申述”吗？最后怎么又承认了呢？哦，他所以承认，是为了获得自己与强权和霸道划清界限的“自由”吗？

脸上凉浸浸的，俗人克敬抹了一把，知道自己流泪了，而面前为陈寅恪树立的碑石上，恰在这时也有了点点水渍，克敬昂起脸儿，发现初来时灿烂着的阳光，不知什么时候已被漫天的浓云遮蔽了，正有大珠大珠的雨滴落下来。

俗人克敬为先生流泪了，上苍也为先生流泪吗？

泪眼婆娑中，先生墓碑上“独立”、“自由”的字迹逐渐地放大着……克敬忍不住在心里喊了一声：

“独立”和“自由”，两个多么骄人美丽的字眼啊！

2005年2月27日　西安后村

党籍碑：耻辱的恰是自己

“结党营私”这个深藏在历史褶皱里的成语，在俗人克敬昂望龙隐崖洞顶上的石刻文字时，每一个字都如一粒威力强大的子弹，连珠炮般射在了克敬的脑神经上，顿然感到一阵莫名的惶恐和惊悚。

到山水甲天下的桂林来，谁会自找一份惶恐和惊悚呢？然而这是不由人的，刚才还兴高采烈地坐了竹筏，十指散漫地插在清冽的河水里，激起朵朵欢乐的水花，举目四顾，满眼都是如诗如画的景致，身和心便都如眼前的山水一样，滋润着，陶醉着……及至弃筏登岸，随着游人深入龙隐崖观光时，倏忽看见了那一块石刻，克敬就只有惶恐了，惊悚了。克敬的眼睛，对石刻文字有一种天生的敏感，于是，颇费用心地读下来，这才知是有名的“元祐党籍碑”。俗人克敬还能怎么样呢？欣欣然的心，就只能从明媚的湖光山色中跳出来，沉入历史昏暗的枯井中，追寻一段不堪回首的往事。

公元1100年，即哲宗元符三年正月，宋徽宗的哥哥哲宗皇帝死了。哲宗皇帝这时年仅24岁，正应该生龙活虎地干下去的，但他命短，早早地丢下大宋江山去了。有证据显示，短命哲宗的死，与其放纵的两性关系有很大的干系，在他14岁时，就有大臣上书，劝谏哲宗不要过多沉醉女色当中。哲宗的老祖母，摄政的宣仁向太后，亦然烦恼不堪，训诫了她的皇帝孙儿。但一切的不安和烦忧，都不能挽救哲宗的性命，他还是把自己青春的生命玩完了。

宋哲宗就是这样，很不情愿地把他的皇帝宝座腾出来，叫他的小老弟赵佶坐了上去，是为宋徽宗。

在未做皇帝之前，宋徽宗堪称一位优秀青年，他不像别的皇室子弟，身上多有纨绔习气。他勤奋好学，多才多艺，有诸多至今还为人称道的艺术成果。即便他当政之初，所表现亦然称得上出手不凡，粲然可观。当时，他大刀阔斧地整顿朝纲，平反冤狱，贬窜奸佞，提拔贤良，很有些开明君王的气象。其时，他还发布了一道诏书，相当谦恭地告谕天下人，能够破除戒心，畅所欲言地品评朝政，所用言辞之平和诚恳，之推心置腹，在上下几千年帝王诏书中，应该算是头一份。他不仅在诏书中说了，行动上也做得极到位，虚怀若谷，很能听进去不同意见，让人不能不为之赞叹了。曾有臣子，在他当面抨击宦逆童贯，引经据典，侃侃道来，一直谏议到暮云四合，徽宗的肚子咕咕叫唤，饿得忍不住了，站起来要走，那位臣子上前一步，揪住徽宗的衣袍，竟至于扯破了皇帝的龙装。徽宗不高兴了，大声地斥责：有话说话，你撕烂我的衣着做甚？那位大臣梗着青筋鼓起的脖子，回答说：陛下不惜衣服撕破，臣子何惜粉身碎骨报答陛下！徽宗便收住了斥责的声音，很是感动地看着不怕死的臣子，说：有这样的臣子，我还有什么好忧虑的。随从的太监来给徽宗换衣裳，他还一再嘱咐：给我保留好这身破袍，将来用它表彰正直有节操的大臣。

此时的徽宗，表现得特别喜欢廉洁刚直的大臣。有位中书舍人，也就是为皇帝起草诏书的文秘吧，为人坦率耿直，徽宗就褒奖他。说：我听臣僚们谈话，总觉不是内含奸诈，就是马屁扑鼻；而你耿直正派，我只能依赖你这样的人。地方上推荐贤良有识之士，有位做过县令的人被推荐到了徽宗的身边，君臣谈了一次话，徽宗发现此人确实不错，就破格提拔了他，让他做了殿中侍御史，并满怀期望地对他说：方今士大夫多寡廉鲜耻者辈，你懂得义理，且不可辜负了陛下。

宋徽宗的好戏还在继续唱着，而且是最为精彩的两个折子，一是把贬到永州的老宰相范纯仁请回了京城；二是赦免了苏东坡，并把与苏东坡同期被贬的30多位官员也都恢复了名誉，授给了原来的官职。

种种迹象表明，年轻的宋徽宗，聪慧敏锐，很有股子明君的气象。这使力主他坐上皇位的向太后，看在眼里，喜在心头，虽然还担着摄政国事的责任，向老太太也不管了，撒手让宋徽宗去做。徽宗的这位祖奶奶，不是个贪恋权柄的人，出身河内（今河南沁阳）名门，为宋真宗朝名相向敏中的曾孙女，嫁给宋神宗为皇后，一生辅佐了几位皇子皇孙。哲宗即位时，她们向家的女子多有入宫的想法，向老太太劝勉家人，不要汲汲于富贵，不要参与其间；家族中的男子，亦多求官者，向老太太也是拒之门外，不肯有一丝一毫的通融。正直贤淑的向老太太，在朝野上下、臣民之中，就有了相当高的威望。她推荐赵佶接班坐龙椅，谁还能反对呢？大家只有欢呼雀跃，跪地磕头山呼“万岁”迎新帝了。却也有眼睛毒的人，时任朝中宰相的章惇，谈了自己不同的看法，认为赵佶行为轻佻，不适合做皇帝君临天下。但他的声音太小了，不足以阻挡赵佶当皇帝的前程。

赵佶顺顺当当地成了宋徽宗。他的老祖母向太后也满心欢喜地驾鹤西去了。宰相章惇不幸言中，甚至比他所言轻佻云云要严重得多，在位25年，不仅殃民，而且祸国，害得当了太上皇的他和他当上新皇帝的儿子钦宗赵桓一起当了金人俘虏。一起被俘的还有父子从全国选来、深藏后宫的一万多名嫔妃美妇。

在中国的历史上，有个早于宋徽宗的亡国之君李煜，遭遇与徽宗何其相似。作为南唐帝国的皇上，李煜有着与徽宗一样的艺术天分，绝对地才华横溢，风流倜傥。两相比较，徽宗赵佶在诗词曲赋上，还要略逊李煜一筹；而在书法绘画上，无疑赵佶又要高出李煜一筹，这么一来，两个人算是扯平了。

起早，南唐皇帝的李煜做的是宋徽宗老祖先的俘虏。赵家的开国皇帝把李煜押在监牢里，喝酒睡觉寻开心时，就把李煜的美妻娇女招了去，侍酒侍歌侍寝。在李煜42岁生日的那天，按阴历推算恰是七月七日，正是牛郎织女渡过鹊桥持手相会的时节，宋太宗赵光义又把李煜心爱的小周皇后招去了，先是侍宴侍舞，后又同床侍寝。端的是小周皇后还爱着已为阶下之囚的李煜，回来是一场悲痛欲绝的哭泣，惹得李煜茶饭不思，悲怆万分地写了一首《虞美人》，发泄亡国之君的心中不满，感慨故国的凄楚和往昔：

春花秋月何时了，往事知多少？
小楼昨夜又东风，故国不堪回首月明中。
雕栏玉砌应犹在，只是朱颜改。
问君能有几多愁，恰似一江春水向东流。

如今，徽宗也做了俘虏，和他的儿子嫔妃美妇被女真骑兵，掠到了冰天雪地的黑龙江边，关在一个地窖里，像是一老一少两只青蛙，举起头来，永远都只是镜子般大个天。父子俩的妻子女儿也不能陪他们，差不多都被女真汉子瓜分去了，成了人家炕头的姬妾，能够忍辱博得人家欢心还好，若要任性反抗，就只有为奴做婢了。

长期关在地窖里，宋徽宗不是石头人，他也会思念妻子，思念故国，思念往昔曾经的荣华富贵、风流倜傥，于是，也像做了他们赵家俘虏的李煜一样，无限悲怆地写了一首《燕山情·北行见杏花》的词。词曰：

裁剪冰绡，轻叠数重，淡著胭脂匀注。新样靓妆，艳溢香融，看杀蕊珠宫女。易得凋零，更多少无情风雨！愁苦！向院落凄凉，几番春暮？

凭寄离恨重重，这双燕何曾，会人言语。天遥地远，万水千山，知他故宫何处？怎不思量，除梦里有时曾去。无据，和梦也新来不做。

比李煜文采略输的宋徽宗，这首词填得还是不错的，可说准确地表现了他内心的真感受，往昔的一切，做梦都梦不到了，这该是何等的凄凉和失望呀！俗人克敬满怀一腔同情的泪水，默吟着宋徽宗的词句，只是不晓得他在远天远地的寒冷中，可曾回想起他御笔书写、刊刻树立的党籍碑？

他忘记了吗？不会的，一切还都不很遥远，而且是他非常得意的一笔好字呢。完全的瘦金体，为他自己所独创，且独步天下，写出来挺拔俊秀，飘逸犀利，流畅飞扬，叫今天即便不懂书法的人看了，也会一眼喜欢上的。因此，宋徽宗的感觉极佳是有道理的，800多年来，他的《瘦金体千字文》、《欲借风霜二诗帖》、《夏日诗帖》、《欧阳询张翰帖跋》等书作，一直是人所谋求而不可得的艺术精品。与此相媲美的，还有他的工笔绘画，跻身中国历史大画家的行列，应是当之无愧的。后世行家评说宋徽宗的画，莫不用尽一切赞美之词，说他的丹青造诣登峰造极，蔚为大家。现藏故宫博物院的画作，就有宋徽宗的《祥龙石图》、《芙蓉锦鸡图》、《雪江归棹图》、《听琴图》等；美国的大都会博物馆也耗费巨资藏了他的一幅《翠竹双雀图》；此外，还有他的《瑞鹤图》、《柳鸦图》等画，分藏在上海、辽宁博物馆或巨贾大富家室之中。

需要特别强调的是，宋徽宗的山水画《雪江归棹图》，其意境清奇高雅，是其他人的山水画所无法望其项背的；而《听琴图》更是他少有的传世人物画代表，画面上的弹琴者，据云是他徽宗皇帝的自画像，而那位身穿红衣的听琴者便是他的宠臣蔡京，主仆二人，跃然纸面，其出神入化的描绘技法，着实叫人叹为观止。

这幅蔚为杰作的画卷，具有宿命般的暗示和象征意义，向世人展现了一个韵味深长的图景，看似君臣同体，休戚与共，弹琴者幽然深入，听琴者会神迷醉，真个是知音默契，心心相通了呢！正是他们一对子，在北宋之后的历代史学家那里，都被毫不客气地认定：北宋的大好江山，就葬送在了他们惺惺相惜的君臣手中了。这使观赏珍贵《听琴图》时的人们，莫不表现得心情复杂而沉痛。

呜呼！书法绘画再好，又岂能挽救他的性命，苦苦地熬过了54岁的年纪，宋徽宗在极度的病困中死去了。但他用美极了的瘦金体书写的党籍碑，虽然已被他下诏毁去了，可他曾经所下的那一番工夫，还在人们的记忆里，成了他一个抹不去的罪、一分抹不去的痛。俗人克敬这么说，不是要否定他的艺术成就，也不是要否定他的艺术天分，再怎么说，一个人，自然包括当了皇帝的宋徽宗，有很高的艺术修养，很好的艺术才能，都是不错的。问题是他宋徽宗不仅是位艺术大家，更重要的他还是一位持掌国柄的皇帝，他就不能一味地沉溺在艺术的深潭里，把政治混同于艺术来做，这就错了，而且不是一般的小错，是丧权辱国的大错。

如果只是宋徽宗自己一人陷在艺术的深潭里，事情也许不会太糟糕。他还把一个爱好艺术，本身也有极高艺术造诣的蔡京擢升为一人之下、万人之上的宰相，事情就麻烦了，大麻烦呀！偏偏地，宋徽宗自己还不觉得，还特别地宠信这位写得一手好字的蔡京，说什么话，他听什么话，说的话总是特别地入耳入心，就像他宋徽宗的灵魂出了窍，又幻化成一个他自己，所说所道就全是自己说给自己听了。你譬如，宋徽宗喜好玉制器具，有一次，拿了一些玉盘玉碗玉杯玉盏，打算在国宴上使用，心里没底，便小心翼翼地征求大臣的意见，别到时候，让人觉得奢侈了，评头论足，说三道四。蔡京赶着点儿透话，说：天子生就是享受天下的，使用区区几件玉器算什么？何况是在国宴上使用，合情合理，合法合度，别人爱嚼舌头让他嚼去好了，只怕会嚼烂自己的舌头。

蔡京的话，宋徽宗听着焉能不舒服。

我们知道，蔡京并不是个"菜包子"，他饱读诗书，极有才学，特别能引经据典，帮助宋徽宗解除自己的顾虑和困惑。他曾援引《易经》，发展了一个"丰、享、豫、大"的理论，开导宋徽宗。蔡京的话说得极古雅，照本宣录比较难理解，换成今天的语言来表述，核心的意思大致为：在太平时节，君王要有天子的气派，要敢花钱，敢于纵情享乐，不必拘泥于世俗之礼，否则，反倒会失去上天的眷顾，变得不吉利起来。蔡京不断地启发引导宋徽宗，还援引《周礼》中的一个说法，叫做"惟王不会"。这里的"会"是会计的会。巧言善辩的蔡京向宋徽宗不无献媚地解读：周礼铁定是不会错的，告诉后世子孙，为君王者，自古以来花费是不必计算、不受限制的；陛下过分节俭，苦了自己，就和土得掉渣的农夫一样。那么，君主就不对了，甚至是可悲的。

有这样一套理论做引导，宋徽宗还有什么顾虑呢？心中原有的一点困惑，渐渐地烟消云散，再也无所约束了。而且围绕在他身边的，还不止一个阿谀逢迎、溜须拍马的蔡京，更有童贯、王黼、朱勔、梁师成、李彦、李邦彦、张邦昌、杨戬等一大伙与蔡京勾结在一起成为政治盟友的人，也极擅长察言观色、见风使舵的伎俩，他们不但对宋徽宗犯贱使乖，讨巧邀宠，逮住机会，也向权倾朝野的蔡京涂脂抹粉，大献殷勤。

这应了一句俗语：人以群分，物以类聚。有一个蔡京这样的臭狗屎，其他逐臭的苍蝇，哪怕远在天边，也会鼓动着翅膀，飞到一起，叮在一起。

蔡京的儿子也是，深得他老爸的真谛，手牵着老爸的袍袖，学着老爸的腔调，在一次平常的娱乐中，亦然大拍宋徽宗的马屁，觍着脸说：所谓人主，就应该以四海为家，以太平岁月娱乐自己。人生几何，岂可徒自劳苦？梁师成话赶话地跟着说：对呀。圣人先天下之忧而忧，后天下之乐而乐，说的就是这样的情景哩。

儒家理论的一个核心是，逢君之恶，乃标准的奸佞之徒。可惜的是，艺术家的宋徽宗已不辨是非曲直、屎臭花香了。一头扎进他的兴趣爱好中，难以自拔。大书法家米芾就这样成了宋徽宗的座上客，他与徽宗有太多一样的兴趣爱好。例如石头，米芾曾经偶遇一块怪石，见面即纳头叩拜，尊称怪石为兄，因此就了个“米癫”的绰号。米芾的这一“癫”好哇！宋徽宗把他请进宫里，着人在瑶林殿张挂起两丈长幅的丝绢，取来宫廷久藏的笔砚镇纸，诏令米芾挥洒。这位癫狂之人上蹿下跳，笔走龙蛇。书罢了，还大呼一声：“奇绝陛下！”徽宗就很高兴了，把眼前的一应宝物全都赏给了米疯子。有了这次的厚赐，米芾的疯癫之气越发来劲，再一次到崇政殿向徽宗奏事，手持书札，徽宗让他放在身边的椅子上，他觉得是徽宗的轻慢，心里不痛快，想要抗议报复，便假装听不懂，和徽宗笑说："陛下叫内侍，要唾壶。"掌管宫廷风纪的官儿呵斥米芾大不敬，要治他的罪，徽宗先为其说情开脱了："对俊逸之士，不要用宫廷礼法拘束。"既如此，米疯子就更放纵了，去给徽宗的一座新建的宫室写字，喜欢上了徽宗皇帝的御用砚台，想着能据为己有。书写一毕，米芾把砚台双手捧起，对徽宗做古正经地说："这方砚台被臣濡染过了，已经不堪陛下使用。"宋徽宗看懂了他的心思，也不戳破，大笑着挥了挥衣袖，米芾便抱着砚台跑了，结果弄得满身的墨汁，把他新穿的一套朝服染得都没法穿了。

蔡京乐得宋徽宗与米疯子们纠缠，这样他就有条件、有机会独霸朝政了。原来和他做对的人，或他看着不顺眼的人，他就要痛下杀手了。

当过宰相的章惇和曾布，已被他蔡京挤到一边了，但也不能丧失警惕，还应再踩上一只脚，叫他们永世不得翻身。先说章惇吧，本来也不是个好物料，年轻时自恃有点才华，能够大碗喝酒、大块吃肉，与文名官名超群的苏东坡很是对脾气，俩人相好时，一起结伴远游，到了芦关的深山老林里，碰上了一处急流咆哮的深谷，上面架着一座独木桥，章惇提议去对面的崖壁上题字留念，苏东坡胆怯不去，章惇自己走过了独木桥，在峭崖上写了"苏轼、章惇游此"几个字。于是可见，两人的关系很是不同一般。可是章惇会站队，在朝廷推行变法之机，他踊跃地站在了变法派代表人物王安石一边，渐次成为变法派的主力战将，而苏东坡则"错误"地加入到保守派的阵营。章惇的脸色立马变样，在把苏东坡贬谪的途中，发了一通文书，规定所贬的苏东坡和他的家人不得住公家的房舍。没办法，苏东坡租了几间民居安身，却也遭到章惇的诬陷，愣是说他强夺民居，命令地方官员给予惩治。蔡京摸准了章惇的七寸，把章惇罢官贬谪时，就照着当年章惇整治苏东坡的路数去做，把一把老骨头风餐露宿逼到了雷州岛，也就是今天的海南岛。果然不出蔡京所料，去那里，章惇遇到了一生最大的麻烦，当地的公家房舍有他发文的规定在，他是不能住了，去租民居，找了一家又一家，回答是众口一词：当初苏相公来租房，章宰相差点要了小民的命；小民岂敢租房给你，那不更要命?

俗人克敬不难揣测章惇那时的心境，想必是既尴尬又难受，哭笑不得，不久便悄无人知地死在了荒郊野外。

蔡京收拾章惇，并不是为给苏东坡出那一口恶气，而完全是他奸邪心肠的表露。蔡京是扛着变法的旗帜爬到徽宗朝的中枢机构，章惇也是主张变法的人物呀！还有蔡京要下刀子的曾布，同样也是变法阵营中的主力。蔡京对他们变法的人物都要捅黑刀，何况保守的苏东坡，又怎么会轻饶了呢？只是如今的苏东坡数度失势，已不复威胁蔡京的权力，而且贫病交加，将不久人世了。而章惇、曾布者流，是大有可能咸鱼翻身，取他蔡京之位而代之。如此，就难怪蔡京下手狠了。

章惇没能善终，曾布也好不到哪儿去，还有好好先生韩忠颜等一大批重臣名宦先先后后，不约而同地被蔡京玩儿完了。

根本的问题在于曾布自己的不争气。

大宋朝的规矩是，宰相不能举荐自己的亲属担当要职。曾布却偏偏地不给宋徽宗说明情况，极尽鼓吹之能事，推举了他的亲家公陈佑甫（曾布的宝贝女儿嫁给了陈的儿子陈迪）任职户部侍郎。这下子好了，蔡京的手里有了曾布的把柄，雷厉风行地参了他一本。皇帝问曾布，他既不认错悔改，却还喋喋不休大说蔡京的不是，更恶毒的话还不好说，只说蔡京心眼小、气量小，看不惯别人比他强，其人品大为值得怀疑，原来推行变法，他比谁都积极；保守派又当朝了，只5天时间，就全部废除了辖区内的新法，还躬身到保守势力的领袖司马光府上报功。曾布这么挤对蔡京，一来欲为自己辩解；二来也想打击蔡京的气焰。显然他选错了时机，这时的蔡京岂是摇唇鼓舌所能撼动的，倒是一通言语惹得宋徽宗不高兴了，对他摆了摆手，转身下了朝堂。曾布是有口莫辩了，头一桩罪已扣在了他头上，在天子面前无人臣之礼。接着，一帮御史大夫呼啦啦拥上前来，对曾布大吐唾沫，其中最著名的一句话是："呼吸立成祸福，喜怒邃变炎凉。"意思是说曾布为相期间势焰熏天，喘口气就能决定人的命运，笑骂间就能改变天地的冷热。曾布没有办法了，就只有辞去相位。然蔡京不会放手，痛打落水狗，弹劾他贪赃枉法，广收贿赂，把他的儿女们统统收进网中，交于开封府锻炼周纳（刑讯逼供、罗织罪名之意），迫使曾布低头认罪，彻底地扒掉了他身上的官样服装，不几年，在噩梦中死于安徽当涂的老家。

蔡京这就坐上了曾布原来的位子。但他总是提心吊胆，睡不下个踏实觉，当上宰相不几天，就唆使宋徽宗板起了面孔，一改往日的谦抑与温和，态度强硬地向保守派人士打了重重的一拳。原来章惇当宰相时，也曾大刀阔斧地修理过保守派，对苏东坡们是一种办法，对挑头的司马光又是一种办法，建议皇帝把司马光的坟刨开，对着朽骨鞭尸三百。蔡京不这么做，他是青出于蓝而胜于蓝，觉得做为政敌的章惇凶残是够档次了，方法却显得小儿科。他要出的拳，必须是阴柔的、老辣的。他就想到了所要被修理的人，都是有知识的人中俊彦，都很重视生前身后的名节和尊严。于是，蔡京笑了，是发自内心地开心地笑了，他自己的书法就很不错，而皇上的瘦金体，写得更是炉火纯青。他就上书徽宗，罗列了一个包括司马光、苏东坡、黄庭坚、程颐、秦观、范纯仁等309人的名单，其中还加上章惇、曾布一些非保守派人物的名字，请徽宗皇帝一笔一画写来，刻成石碑，分别立于端礼门和文德殿的东壁上，时年为公元1102年（宋徽宗崇宁元年）。

宋徽宗在写党籍名册时很有耐心，像是要宣扬他的优美书法似的，写了一次不过瘾，此后又写了一遍。

蔡京岂能示弱，逮住机会，也要一展他的书法天分了。在崇宁三年（公元1104年），蔡京十分得意地书写了一份党籍名册后，当即颁示天下州县，命令刻石立碑，以图惩戒“罪恶”，张扬“正气”。俗人克敬在桂林的龙隐崖洞顶上看到的党籍碑，想必应是蔡京的手迹了。

其实不然，刻在龙隐崖洞顶上的碑文，是上了党籍名册者的一位后人摩写所刻的。龙隐崖上还有许多石刻，对此作了充分的说明。这么说来，克敬眼睛所见是除了宋徽宗、蔡京两人书刻的党籍碑之外，第三款党籍碑了，而且是存世的唯一一块党籍碑。

仅从艺术的角度来看，无论哪一块党籍碑都该是一件弥足珍贵的书法作品。这是不错的，因为书写者的宋徽宗和蔡京两人，都有极高的艺术天赋，无论是他们的书法、绘画、还是诗词、散文，均有非常辉煌的表现。前文说过宋徽宗了，现在只说蔡京吧，他的书法技艺，顺理成章地跻身在北宋人称“苏、黄、米、蔡”四大家中。当时的人，在谈论他的书法时，都会毫不吝啬地使用上“冠绝一时”、“无人出其右者”等佳词美句，以至连狂傲如米芾，在与蔡京喝茶聊天时，也不无妒忌地说到蔡京的书法："当今之世，论书法从唐朝晚期的柳公权之后，就得算你和你弟弟蔡卞了。"蔡京也是当仁不让，还问米芾："那么下来呢？"米芾就不含糊了，说："当然是我。"

有个小故事可以为证。

那时的蔡京还没爬到炙手可热的相位。一年夏天，有两位职级较低的官吏极是恭谨地侍奉着蔡京，为他小心地摇着扇子驱暑。蔡京心中喜悦，要过扇子，在上面很随意提了两句杜甫的诗句。没想到，这两位几日后喜气洋洋地阔了起来。一问之下，知道两人的扇子，被一位亲王花两万钱买走了。你道这巨款购扇的亲王是谁？就是后来登基的宋徽宗赵佶。

再是存世的这款党籍碑，虽只是入籍者的后人摹刻之作，却也堪承一件不可多得的艺术珍品。

俗人克敬昂望龙隐崖洞顶的党籍碑，初始时是以书法艺术品来观赏的，而一旦读着，就读出了残酷的政治味道，心境一下子大为变化。先是欣欣然快活着，冉是酸溜溜惋惜着，最后便是愤愤然不平了。其实，何止轮到今日的俗人克敬不平，早在宋徽宗做皇上、蔡京做宰相时就有人大抱不平了，宋徽宗自己亦有所悟，未及即诏令毁弃了他立在端礼门和文德殿东壁上的党籍碑。但毁得不很彻底，到他们一个被金人抓到黑龙江做了俘虏，一个罢相回籍没多久成了黄泉路上的死鬼。残留在世上的党籍碑，顿时成为民众发泄不满和愤怒的靶子，斧砸锤捣，没几日便毁得几乎殆尽。桂林龙隐崖的这一块，所以能侥幸存留下来，俗人克敬知道，一来为他人摹刻，而且地方偏僻，不为人所注目；二来悬高昂刻在洞顶上，不易人为毁坏。是这样，才得以逃脱800年的人祸与水患。

逃脱得好哇。俗人克敬心中虽然不平，却不由得为侥幸存世的这块党籍碑叫着好。这是一个历史的物证，从一个侧面暴露了宋徽宗的轻佻与荒唐，暴露了蔡京的险恶与狠毒。再则，以书法故，也有传之后世的价值。

《宋史》对北宋末年的元祐党人之祸，是做了充分记载的，凡是被列入奸党名籍的，不仅自己的遭遇极惨，子女们也一并受到了牵连，命运亦是相当的悲凉。崇宁年间，徽宗的诏书，这一份墨迹未干，再一份又颁下来，诏令凡奸党子弟，不论有无官职，均不得在京城居住，不准到京师来，不准在京师及京府界内任职；后来还规定：宗室子弟不得与党人子弟联姻，已订婚尚未举行婚礼的，必须解除婚约；党人五服之内的亲属，均不得担任近卫官职。此外，在科举考试和官吏录用晋级等方面也规定了不少歧视性条款。最后的一条，更是充满了血腥的味道：知情不报斩！

阴险毒辣的蔡京，从宋徽宗初临朝政时的一个贬臣，一跃而又成为徽宗的宠臣，仔细探索其奥妙，可以看出他是有些手段的，至于这些手段是否正当，是否光明磊落，就不很重要了。他为自己在一切可能的范围内制造舆论准备，朝内朝外都有人替他在徽宗面前说好话。阉宦童贯的作用尽人皆知，是很不光彩的，甚至是卑鄙的，在此不消多说。还有个叫邓洵武的起居郎，就是负责记录天子言谈起居饮食的一个生活秘书，也在徽宗的耳边吹暖风了。说是徽宗推行新法是件大好事，朝里有谁能帮陛下办好这件事呢？说着，他把提早画的一张《爱莫助之图》献给徽宗。图上列了大批朝臣的名字，把保守的一派写在右边，把变法的一派写在左边。右边的名字全是当朝大臣，左边只有单薄的两个名字，其中之一就是蔡京。

《爱莫助之图》的出现，只是舆论的一个方面。民间的呼声也不断地传往皇宫，言说蔡京天赋异秉，有种相当奇特的本领，可以对着正午的太阳，目不转睛、若无其事地看下去，看很长很长的时间，眼皮子一眨不眨。什么意思呢？太阳就是当今皇上啊！试想谁能如蔡京一样注目太阳呢？他能持久地注目太阳，就是持久地注目皇上，是当今皇上不可多得的良臣。蔡京的这些舆论准备，可说是极为成功的，成功地实现了优美的三级跳，滑着漂亮的舞步，从受贬的西子湖畔再次进入京师，拜了相位。其时，应该说有为数不少的大宋臣民睁着热切的目光，期待着他辅佐好宋徽宗，使大宋的美好江山走向兴盛繁荣。

种什么瓜，结什么果。蔡京就不是个好种子，你能指望他什么呢？很快地，朝野上下对蔡京就失望了，又从失望到绝望，从绝望又到不满，又到愤怒了。

愤怒的是蔡京只会巴结讨好宋徽宗，根本没有治国富民的本事。他摸准徽宗酷爱花石的脉搏，便不遗余力地搜寻奇花异石，贡献徽宗。为此，还特设了一个应奉局，派出他的心腹朱勔，在江浙一带大肆搜刮。为运送花石，雇佣了许多船只，每10船编为一纲，从江南到开封，沿淮、汴两河而上，这就形成了北宋史上有名的“花石纲”事件。

按说，宋徽宗有玩赏奇石的雅趣也不为错。他有那个艺术细胞，也有那个赏玩的眼光，玩一玩是可以的，总比一个皇帝喜欢酒池肉林、金山银海要好吧。可是他玩儿得大了，玩过火了，这就如玩儿酒池肉林、金山银海一样，会玩出问题来的。偏偏又遇着个爱好兴趣与徽宗同的蔡京，二者臭味相投，这就不可避免地为北宋朝的败亡埋下一个大的隐患。

史料证实，花石纲之忧，波及两淮和长江以南等广大地区，凡民居有一木一石、一花一草可供玩赏的，应奉局立即派人封以黄纸，称为供奉皇帝之物，强迫住民小心看护，稍有不慎，则降之“大不恭”罪，轻则皮肉受苦，重则丢掉性命。被征用的花木石头如果太大，搬运起来不方便，兵士们就硬行扒掉人家的房子，拆毁人家的墙壁。山野之中的花石，有被应奉局相中的，也不管大小，或在高山绝壑，或在深水激流，都要不计民力地搬运出来。

起初，这种花石贡品也并不多，数量也很有限。后来，宋徽宗对贡献的花石大为赏识，进贡者因此纷纷加官晋爵，恩宠有加。正应了人们口头上的一句话：上有所好，下必趋之。这就如一道无声的动员，迅速地演变成了举国的大骚动。

野史有记，政和年间，安徽灵璧县进贡一块巨石，高与阔均有2丈余，用大船运送到东京来，拆毁了城门才搬进城里，上千人一起用力也抬不动这块大家伙。宋徽宗一边看着，喜上眉梢，着人取来笔墨，御书“卿云万态奇峰”，并加授金带一条悬挂其巅。随后，太湖的鼋山又采得一石，长4丈有余，宽2丈多点，玲珑剔透，孔窍天成；又有一树，相传为唐代白居易手植，故名白公桧，连石带树，预备一股脑献给徽宗。为此，特造大船两艘，花费8000贯钱才送达京城。8000贯钱在其时，可使200户人家嘴巴油油地生活一年。

野史中这样的故事车载斗量，不是一篇小文章能罗列完的。正史上也有记述，云“为此倾家荡产者不计其数”。为什么会是这样？原因其实很简单，奥妙在“御用之物”和“大不敬”的罪名上。这种罪属于“十大恶”之列，摊上了就休想有个好！于是，为官吏们敲诈勒索铺了一条坦坦荡荡的大道。柏杨先生出了本《中国人史纲》的书，其中的一段话说得明白，提出魏晋南北朝时也发生过类似的事情。当时的后赵皇帝石虎都在邺城，就是今天的河南临漳，开辟了一个可能是古往今来、世界最大的皇家猎场。规定，只许皇家枪刺箭射取乐，其他人等不得伤害动物，扔一石一砖也是“犯兽”，也要处死的。官员们这下有了敲诈勒索的借口了，动辄捉住一人，指斥他犯了兽，他就得掏钱赎命，确确实实成了一条发财致富的阳关道。花石纲在全国的倡行，与此如出一辙，前后持续了20多年，形成了一场空前的大灾难。正史的记载说：在江河湖海的惊涛骇浪中，人船皆没者，枉死无算，难以统计。运到京师的石头数以10万计，最昂贵的一块石头，仅是运费一项就达30万贯钱。并且贡献的花石品种无所不包：“大率太湖、灵璧、慈溪、武康诸石；二浙花竹、杂木、海错；福建异花、荔枝、龙眼、橄榄；海南椰实；湖湘木竹、文竹；江南诸果；登莱淄沂海错、文石；两广、四川异花奇果。”应有尽有的物产，地不分南北，牵连人数和贡品数值的巨大，在中国历史上独此一份！

花石纲已经闹得举国骚然。宋徽宗不是聋子，不是瞎子，他自己也觉得这么折腾可能不好，可能要出事，就与蔡京交谈看法，想要收敛一些。蔡京自有他的一套说法，告诉徽宗，采来的花石，都是山野和民间用的东西，那些花不能当衣穿，石头不能当饭吃，皇帝您搬来几块，高兴了看几眼，您快活了，是万民的快活；您欢喜了，是万民的欢喜。宋徽宗就不怀疑了，就乐在其中，醉在其中，不能自拔，进而还要向更高的极乐境界发展。

艮岳就是在这样的氛围里开工建设了。

所谓艮岳，又叫“寿岳”、“寿山”、“万岁山”，是一座人工堆砌的巨大假山园林，方圆数十里，坐落在开封城的东北，景龙江之南。当初之所以垫高了这里，是迷信了道士的宋徽宗，听他们信口雌黄；这里的方位正处在八卦的艮位上，垫高了，皇家子嗣就会人丁兴旺；如若修建成为林木葱茏的假山，则国运必然亨通昌盛。前头的说话，迅速得到验证，徽宗皇帝果然连得贵子；这使蔡京之流，更加口若悬河，往徽宗的耳朵里灌，把在此建设艮岳的壮举，鼓吹得鬼听了也认为是必要的，是为了国家社稷的。于是，开始了长达6年之久，耗费不计其数，征用役夫数十万的浩大工程。

当时与后世，对艮岳多有描述和评论，给人的印象是：艮岳之壮丽，“自生民以来，盖未之有”；艮岳之美妙，“真天造地设，神谋鬼化，非人力所能为者”。壮丽也罢，美妙也罢，仅有一个空壳子，宋徽宗又岂能满意。蔡京便派出爪牙，从民间广召妙龄美貌的女子万余，画眉扑粉，着绣裙、穿彩裳，充塞在假山花树之中，任由徽宗皇帝选择。

这便促成了一条地道的挖掘，从他独家游赏的艮岳挖起，一直挺进到开封城的街坊里，从一位名叫李师师的当红妓女的绣床下出来，黄昏时候穿过长长地道，与名妓李师师相拥一宿，赶着五更的梆子声，又穿过地道，回到他地上天堂的艮岳。

就在蔡京的组织协调下，为宋徽宗修建艮岳期间，北方发生了宋江为首的农民起义；而南方的方腊，也在次年举起义旗，几个月内，就把国之东南的大片地区卷裹进去，形成了百万民众的大起义。与此同时，还有无以计数的小股农民起义，少则数千人，多则数万人。用当时人的话说，离开花团锦绣的开封城，十里之外，到处都是饿毙的饥民尸体。

远在黑龙江一带的女真人，旁观者清，也看出逐鹿中原的好机会来了。1126年底，即北宋靖康元年，女真人再次南下，清脆的铁骑声，带着北国风雪的凛冽，敲碎了徽宗皇帝的美梦，他和他接任了皇帝位子的儿子宋钦宗，一起落入女真人的手掌，沦为不堪回首的贱奴。从后来的资料记载看，贵为天子的父子俩，其实比一个女真人的奴隶还要惨。

悲惨的宋徽宗可曾认真地回想过，他是如何落到这步田地的？他一定想过了，只是没有文字记录，我们后世人就不知道了。在他的回想中，他恨哄着他享乐20多年的蔡京吗？俗人克敬武断地以为，宋徽宗肯定是恨上了害他成为女真人阶下俘虏的蔡京的。路途遥远，耳目闭塞，宋徽宗如果能听到蔡京此前此后的这样几句话，那就会恨上加恨，恨得要用牙咬碎了蔡京。

第一句话见于《曲洧旧闻》。蔡京赏识的吴伯举调京连升三级，但吴对蔡的某些举措不以为然，又被贬官扬州。有人向蔡讲情。蔡答："既要做好官，又要做好人，两者岂可得兼耶？"这是蔡京为官之道的核心，也是一句大实话：要当官就不要讲良心，要想做好人就当不了好官。

第二句话见于《钱氏私志》。蔡京失势，贬谪儋州。护送他的门人吕辩在途中问他："公高明远识，洞鉴古今，知国家事必至于此乎？"蔡说："非不知，将谓老大可以幸免。"这也是一句实话。蔡京是个有学问的聪明人，手握国柄，洞悉形势，国事坏到不可收拾的程度，岂无察觉，但是，他是不会悬崖勒马停止倒行逆施的，他只求老天爷开恩，不报应在他自身就行了。

第三句话见于《挥麈后录》。在蔡京从汴京赴儋州的贬谪道上，许多店家听说他是个大奸，拒不出售饮食，有的群众还围上来指名道姓地咒骂，幸得地方官吏的维护，才没有闹出大事。蔡京在轿内叹曰："京失人心，一至于此！"这是他亲耳所闻亲眼所见的亲身感受，当然更是一句大实话，他尝到了千夫所指、神人共怒的滋味。他没能走到目的地儋州，死于途中的潭州（今长沙），在唾骂声中结束了可耻的一生。

站在龙隐洞的时间久了，昂读洞顶上的党籍碑时间久了，满身的湿汗渐渐干了，感觉到了一丝凉意，而且患有轻度颈椎病的脖子也酸了，俗人克敬就从人缝里挤出来，眼前便是另一番情景，转成了一个大弯的江水，看去有一片亮，有一片暗，亮堂的地方大概水清吧，而昏暗的地方就该是浊水了。数千年如江河一样不断流淌的历史，是否也如一条湍流不息的大河，有些区段清一些，有些区段浊一些，而挟裹在其中的人，万万千千，千千万万，自然也是清浊混杂，泥沙俱下，经常地淘洗着，经常地暴露着，淘洗暴露，暴露淘洗，最终使清者自清，浊者自浊。

蔡京把那么多的人书刻在了石碑上，目的就是要弄臭他们，给他们刀刻的一个个名字糊上一脸的狗屎。可是到头来，并没有臭了他书刻在党籍碑上的人，他们是谁呀？司马光、苏轼、苏辙、黄庭坚、秦观、程颐、范纯仁等人，哪一个不是人品才学一等一的人物，或为其时的学术泰斗文坛领袖，或为当朝的忠臣良相社稷栋梁，他们又岂能是一块党籍碑能弄臭的。最后，正是他们中一大部分人，在中华民族的历史上留下了非同一般的鼎鼎名望。

这么说刻在石头上的文字是很靠不住的，倒是印在纸页上的文字，却有极为顽强的生命力。或迟或早，坚硬的石头可以打碎，即便是没打碎的，也会被岁月所腐蚀漫患到无有。而柔薄的纸页，虽然可以烧毁，可以撕碎，但谁能全部撕碎烧毁殆尽呢？只要还有一份留存，就能重版印刷，一页一页，一版一版，以至无穷。蔡京没有把他自己刻上石头来臭，也没有把与他臭味相投、沆瀣一气的人刻在石头上臭。有后世的志士仁人，把他们肮脏的灵魂，败坏的品质，阴暗的心理，歹毒的行为，看得清清楚楚，用淡淡的墨、软软的笔写在纸上，他们就已很臭了，真正地遗臭万年了！

结党营私的是他们，蔡京、童贯、王黼、梁师成、李彦、李邦彦、张邦昌，以及踢得一脚蹴鞠的，把80万禁军教头林冲逼上梁山的高俅等，他们才是一伙不齿于人类的狐朋狗党呀！

2005年3月3日　西安太阳庙

蚕桑碑：情丝绵绵未有期

“一人荷戟，万夫趑趄。形胜之地，匪亲勿居。”这是张载太康初年（280～289年）往蜀郡探望太守父亲时，触景生情为剑门关所写的诗句。这位性情闲雅，博学能文的河北武邑人杰，后来官拜著作郎、太子中舍人、乐安相、弘农太守，累官至中书侍郎，其诗赋颇重辞藻，一首《剑阁铭》，写尽了剑门积石累累，巍峨挺耸，狭险峻拔的气势，是历代文人墨客、高官显胄状写剑门关诗赋中最受推崇的一首。曾任益州（今成都）刺史的张敏亦为这篇铭文所倾倒，以为天下奇文，上表向晋武帝推荐，武帝深以为然，书丹遣士，镌刻在剑门山崖之上。这以后，还有不断咏写剑门者，著名的有唐之李白、杜甫，宋之苏轼、苏辙，明之方孝孺、李调元等不下百人。确如文豪大家的笔墨所写，剑门山水灵秀，英雄辈出，代有俊秀。惜乎俗人克敬的注意力不在他们身上，一双眼睛在历史文化积淀雄厚的剑门关前睃寻，这就看见了距离剑门关不远的皇泽寺五佛楼侧的那组蚕桑碑。

俗人克敬的眼睛像有一股强大的电流涌来，当下亮了许多，那是渴望得到满足时的自然反映。克敬心想，什么剑门雄关，什么诗赋风骚，都先靠边去吧！所有的奇诡峻险，所有的咏叹风雅，不管别人怎么看，在克敬的眼里，全不抵那普通的蚕桑碑感动人。

生活需要英雄，需要壮美……

生活也需要吃喝，需要穿戴。克敬这么认识生活，的确是俗得到了家，但谁敢说他不吃不喝、不穿不戴就能英雄起来？就能壮美起来？克敬敢于不客气地说：做梦去吧！

蚕桑碑传达给俗人克敬的观感就是这么实际。蜀人的生活，从远古的时代起，就与蚕桑结下了深厚的渊源，这从蚕桑碑上可以看得很明白。一十四块石碑，采用平图阴刻的手法，把蜀地人民植桑养蚕要做的事，一件一件地刻画出来，镶嵌在作为皇泽寺墙体一侧的崖壁上，怎么看，都是一件功在千秋的大好事情。

蚕桑碑分12幅刻图组合而成。首图刻绘了一匹白马，嫘祖倚马小憩，身边有一棵枝繁叶茂的桑树，有一只丝连身悬的蚕虫，正欲坠向嫘祖的头顶，使嫘祖沉入思念蚕桑的憧憬之中。俗人克敬知晓这是一个美丽的传说故事，也许并不真实，但克敬是深信不疑的，因为在嫘祖的身上，集中表现了中华民族聪慧善良、勤劳勇敢、甘于奉献的美德，让人什么时候想起来，都会为她而感动。

传说中的嫘祖，在上古时，是一位部落酋长的女儿。嫘父一日外出狩猎，与另一部落首领发生纠纷，被对方捆绑俘虏。嫘祖姑娘得知消息后，万分焦急，在他们部落放出话来：谁能救回我父，我就是谁的女人。众人闻言，有蠢蠢欲动者，摩拳擦掌，终了又缩回自己胆怯的头颅。这时，嫘祖家的大白马，一声长嘶，脱缰飞驰而去，赶在太阳西下、满天霞飞的傍晚，驮回了一身是伤的嫘父。从此，大白马不吃不喝，嫘父问其究竟，不禁怒从心头起，大骂白马也敢趁人之危，与他的宝贝女儿婚配。遂杀白马，剥皮晒在烈日之下，岂料一阵狂风而起，马皮卷了嫘祖姑娘，飘飘摇摇直上九天，直到一声旱雷裂响，高天下晃晃悠悠悬丝而下的嫘祖姑娘，已经幻化成一只透亮如玉的蚕虫了。掩埋白马尸骨的地方，瞬间长出一棵大树，蚕虫不偏不倚，正好悬挂在树梢之上，悠然自乐地噬食树叶……部落人的眼里就有了泪水，而且十分形象地把白马变化的树叫了伤心树，时间在推衍，不知什么时候，又被人简化叫成了伤树，伤与桑谐音，善良的人们享受着嫘祖与白马的恩惠，不想使以生命为代价的嫘祖和白马再伤心，就很善意地改叫成现在的桑树了。

沉浸在传说里的克敬，感觉自己的眼睛湿湿的，伸手一摸，竟也是一掬思古的热泪。

往下仔细地看着，连环相接的是《选桑葚》、《种桑》、《树桑》、《条桑》四幅刻绘，不难看出，这四幅刻绘展现的是民间培植桑树的情景，这些经验流传至今，仍然相沿而用。接下来又是《窝种》、《休蚕》、《喂蚕》、《起眠》、《上蔟》、《分茧》、《腌蚕》、《缫丝》八图，如一组历久不衰的幻灯片，一幕一幕，清晰逼真地再现了民间养蚕、缫丝、纺织的全部生产过程。读着那一幅幅的石碑刻绘，俗人克敬深为当初的创造者曾逢吉而感动了。他创造的这一组蚕桑十二事图碑，不仅是一部植桑养蚕的石刻农书，更是一组不可多得的民情风俗画，把清代四川农村的民间生活，形象传神地描绘了出来，让人什么时候看到都只有钦佩、都只有感动了。

清嘉庆二十一年（1816年），脱去一身戎装的曾逢吉，从昭化远赴广元任职县令，蜀土的春露，在曾县令的脚下碎了又圆，圆了又碎，使他染着征尘的皂靴，带上了乡土的芬芳。还在广元的路上走着，半生军旅生活的曾县令，已在自己的心头，绘制了一幅广元蚕桑园。这幅造福黎民的图画，他在昭化驻军时，就已小试过了，利用境内的荒山荒坡，植桑养蚕，已然颇具规模了。此番调任广元，他可以放开手脚大干一场了。其间，阆中知府徐秋山亦有令出，号召辖地栽树插柳，绿化驿道。曾逢吉从发展生产的角度出发，因地制宜，接受知府的号召，率领广元百姓，颇具慧心地在驿道两旁种植桑树，倡导养蚕。

初始时，广元百姓还不擅植桑养蚕之道，曾逢吉便脱去官服，一身短打，走进百姓之中，自己做出示范，然后推而广之。在广元百姓中流传至今的一个传说是，有3年的光景，曾县令很少在县衙待着，老百姓的手上有多厚的茧，他手上就有多厚的茧；老百姓的脸有多黑，他的脸就有多黑，不是大家都晓得他是县老爷，他就完全把自己混同于一个普通老百姓了。几年的摸爬滚打，曾逢吉掌握了丰富的植桑养蚕经验，并据此撰著了《桑树琐言录》、《树桑三利》、《树桑五法》、《书院官桑录》等书籍。

在广元，曾逢吉经过了12年的苦心经营，境内的驿道两旁，桑树成荫，翠绿夹道。不仅如此，还有田头地角，荒山野岭，能够植桑的地方，差不多都染上了桑树葱郁的翠色。道光七年（1827年）仲冬，广元百姓收获了又一季的蚕丝，曾逢吉却接到一纸调令，升任松潘知州。老百姓舍不得他走，但又挡不住朝廷的旨令，县衙门口，每天都是人山人海，至夜都不肯散去。曾逢吉也不放心走，招来一些民间石工艺人，由他书图，石工艺人刻线，紧赶慢赶，到他离开广元的那天，把一套《蚕桑十二事图》的组合碑刻，立起在县衙门前。

广元人热爱蚕桑碑，唯恐时势的变化损坏了碑刻，起先自发地把蚕桑碑从旧的县衙门前搬到县城南门的原蚕桑局保存，到了1950年，撤销了蚕桑局，这才又移入皇泽寺内，收藏陈列，供人游赏。俗人克敬在秋末的微风里，注目着画屏般美妙的蚕桑碑，感觉到了曾逢吉的良苦用心；一个人之于一个地方，之于一种事业，可能善始，却很难善终，他刻勒蚕桑碑，一来能够直接明了地向老百姓传授植桑养蚕的技术；二来是要告诉继任者，不要荒废了这件造福百姓的好事情。

蚕桑碑以其极大的磁性，吸引着俗人克敬的眼睛，仔细地看着，觉得那一幅幅的刻绘，都是艺术价值不可估量的珍品，其构图之巧妙，布局之合理，人物之鲜活，造型之逼真，笔法之流畅，格调之清新，内容之丰富，是别的艺术所万难比拟的，它是蜀民从事蚕桑活动的真实记录，具有十分浓郁的乡土生活气息。

着意搜古索今，是俗人克敬的一大嗜好，知晓蚕桑之于我们中华古国，是太有意义了，所谓“丝绸之路”，绝不是一个字面上的虚名。即以“务本”学派的观点看，从来都是“农桑”并重。在《诗三百》的时代，男女约会，发出的信号也是“待我于桑中”。《汉书·艺文志》有记：“农九家，百一十四篇”，虽则已佚，传说中也是多有那个实在的“桑”字的。班固就毫不含糊地说了：“农家者流，盖出于农稷之官。播百谷，劝耕桑，以足衣食。”到明朝编撰了《农政全书》的徐光启，更把植桑养蚕列入“农政”之重要一章。即便是与曾逢吉同朝的张履祥，在撰书《补农书》时，更是大讲农桑结合的互补之道，对于百姓生活的富足，有着不可替代的作用。记在纸上的蚕桑之事堪称丰富翔实，而刻绘在碑石上的蚕桑之事，除了皇泽寺的一组外，不知哪儿还有；克敬是孤陋寡闻的，上了互联网去检索，也还只是皇泽寺这一处。数百年来风霜经过，雪雨受过，依然完好无损，是蚕桑碑的大幸，也是世道人心的大幸。

能够冠名“皇泽寺”，肯定是不一般的，听导游不无骄傲地讲，女皇武则天死而为神，托梦故里，这就有了后蜀广政二十二年（959年）的大兴土木，建起了九州唯一一座专门祭礼武则天的寺庙。武后真容石雕造像，端严静穆，神态安详，站在寺庙的庭院里，就能看得明白，纷拥的香客，鱼贯地出入在造像所在的大殿里，有缕缕焚烧的烟香扑出殿外，牵引着俗人克敬，亦欲进去祭拜的，却拧转了身，走出了皇泽寺，俗人克敬的思绪，塞满了蚕桑碑的刻绘，再不能有别的什么插进来了。

但克敬还有回忆，是近在昨日的回忆。几个朋友在当地同道的安排下，去了剑阁的二贤寺。

二贤寺的规模，自然不能与皇泽寺相比，但受百姓爱戴和怀念的情愫，仿佛小小的二贤寺比皇泽寺还要胜上一筹。两座寺庙相距不远，一南一北，富丽堂皇的皇泽寺比不过质朴素净的二贤寺。奇怪吗？不奇怪。这是老百姓心上的距离，女皇武则天的伟大是不错的，但她离老百姓太远了；而二贤寺供养的两位州府小官，就在老百姓的身边，老百姓直接地体会到了他们的恩泽，因而更会把他们放在心上，用心地去怀念、去祭祀。

二贤一为明朝正德年间的剑州知事李璧，一为明朝万历年间的剑州知事杨汝震。剑门自南朝齐梁到清朝末年设有州府以来1400余年，著于州志、县志的知州刺史200多人，臧否贤愚，良莠清浊，公论跃然纸上，唯李璧与杨汝震最受乡民崇敬。

二贤筑城守土，创市利民，繁荣了剑门的经济。具体都做了多少为民称道的好事，志书写得十分简约，倒是明代著名学者杨升庵在《剑州志》序言中的一段话很能说明事理："武缘李白夫璧来守是邦，独事振厉，稀古良牧。拓城池，奠庐井，立乡社，新学宫，表名宦，公馆邮置皆鼎新之。"州人明嘉靖朝兵部尚书赵炳然在一篇《重修剑州城记》的文章也说："自是吾州人文日昌，市肆日聚，居处日繁以安者，颂李侯之功，至今不衰。”杨汝震比李璧迟到剑州60年。其时，由于前任贪劣肆虐，剑州四境憔悴，半数居民逃亡在外，室室罄悬，农失产，士失业，怨声载道。杨汝震下车即行惠政，休养生息，均徭役，废除苛捐，招抚流散州民；要求府衙人员必须勤俭节约，严禁铺张浪费。他自己率先垂范，衣食从俭，清正廉洁。正如《剑州建二贤阁记》所云：“即一薪蔬之人，必倍偿于市。盖自饮水外，一无所需州之人也。”

突兀地，克敬在皇泽寺忆起二贤寺，想着李璧与杨汝震两位贤者的事迹，盖因为二贤如刻绘了蚕桑碑的曾逢吉一样，都在他们的任内，鼓励辅导百姓植桑养蚕，以求温饱。剑州志上写得明白，李璧与杨汝震知州剑门“其政事同，志行同，大较如一日矣”。认为有他们这样的好官，是剑阁山川之灵，人民之福。他们建义仓，储粮备荒；办学校，教化童子；立医局，疗治贫病；及至减大狱，赦小狱，感化罪恶；振士风、劝乡约，使家庭邻里和睦团结。在此基础上，督州民植树，开垦荒田，力事农桑，激赏勤劳。特别是李璧，初任剑阁，扶民耕织，发展生产，见州人不善蚕桑，他从拮据的州财政中拨出银两，于汉阳山立起一座先蚕祠，召集乡民而来，自己绘图描形，传授栽桑养蚕的技术，这才有了剑阁蚕桑业的发展。可惜李璧绘描的蚕桑图未能留传下来，克敬悲叹不幸时，又感到一种万幸，这是因为曾逢吉，他传承了二贤的美德，使剑阁的蚕桑业得到了新的发展。

政声人去后，民意闲谈时。李、杨二贤的惠政德泽，士咏民怀，代代不绝。那么曾逢吉呢？组图《蚕桑十二事图》碑，表面看记录的只是蜀人植桑养蚕的心得与体会，深一层看，记录的还有曾逢吉为民造福、为民谋利的一片丹心。克敬不揣冒昧，要向剑门的民众进一言了，可否把曾逢吉也请进二贤祠，让他与李、杨二贤一样，受到我们后世子孙的供奉。

2005年3月18日 西安后村

棉花碑：百姓冷暖挂心头

“盛世”两个字，说来是很沉重的。

怎么就盛世了？实在没个基本标准。那么收藏呢？在人们都为一张嘴而忙碌的时候，就不好说了。而一旦有了余资，心头有了期望，趋之若鹜地奔向古董市场，争得天翻地覆搞收藏时，大概就算有了盛世的气象。央视二套的《鉴宝》专栏，顺应了这一社会生活的需求，初始开办，就很火暴了，持续到现在，收视率怕在央视的节目中排在前头了吧。俗人克敬不愿意做那样的猜测，就以自己和自己身边的一大帮子人而论，逢《鉴宝》专栏的播映时间，哪怕火烧屁股的紧事情，都会放到一边，老实不客气地盯着电视机的屏幕看，这就看到了一册《御题棉花图》拓本的藏品。

收藏者叫张金栋，他在一个偶然的机会，在朋友处见到了这册拓本《御题棉花图》，一下子就喜欢上了，找来他的收藏，硬是从朋友处换了过来。俗人克敬就很羡慕张先生了，他有那个福啊！换个位置来想，如果是克敬见识了《御题棉花图》，也会像他一样，毫不犹豫地换到手上来，花多大的代价都成。可惜克敬没有那个福，就只有眼馋地盯着《鉴宝》的屏幕看了。

主持人和邀请来的专家（字幕显示为故宫博物院的副研究员金运昌），亦然难掩他们的兴奋，用他们极富磁性的声音，介绍着《御题棉花图》。俗人克敬取来纸笔，紧张地记录着，生怕漏掉了一句话。记录潦草的一张纸上，显示《御题棉花图》册有拓页26

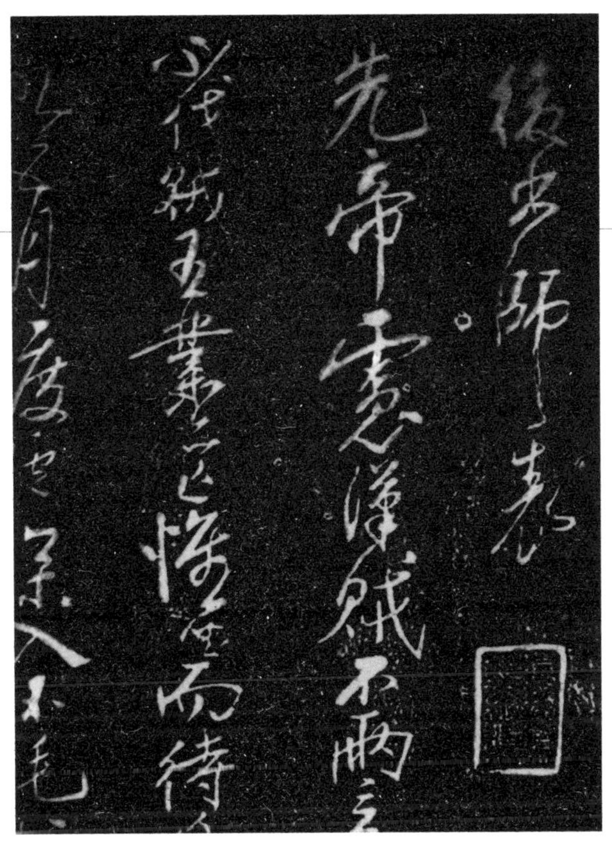

棉花碑（局部）

张，每张拓页长33厘米，宽30厘米。前10页收录了康熙皇帝的《御制木棉赋》，乾隆皇帝的序言，以及太子太保直隶总督方承观的奏章。后16页收录的是棉花生长图，具体都是些什么图画，受电视直播的影响，未能一一展示。这是一个遗憾，而遗憾更能吊起人的胃口。克敬说什么都要到主持人介绍的保定府去一次了，在保定府的旧衙署去拜识陈列在那儿的棉花图碑。

时间在一天天过去，俗人克敬总是逮不住个机会，心里欠欠的，却在媒体又见识了几个以《御题棉花图》为题材的艺术藏品。一个是印行于清朝乾隆三十年（1765年）的《御题棉花图册》，一个是晚清民间翻制的《棉花图集锦墨》。

《御题棉花图册》出现在河南省新野县，图文并茂，共27个页码。每页都有一枚鲜亮的印鉴，阴刻版心，蓝墨印刷，以宣纸衬底。传世日久，不知到哪一代，收藏者又别出心裁裱褙了一层绵纸。《人民日报·海外版》评价这次发现，对研究我国古代棉花种植、加工等技术有着极其深远的意义，是一部内容翔实的棉花生产理论专著。《棉花图集锦墨》收藏在济南市博物馆，一套16锭，每锭长11.2厘米，宽3.6厘米，厚1厘米。墨是实用品，制成《棉花图集锦墨》，就有了极强的观赏性，把棉花的生产加工过程，形象生动地表现了出来，任谁见了，都会爱不释手的。俗人克敬请教识家，像那样一套《棉花图集锦墨》，自清朝乾隆后，多有制作，可能在细节上有所不同，水平也参差不齐，但主题和形制别无二致，都是从“御制棉花图碑”上模仿或吸取营养而来的。

棉花图以各种不同形式的出现，只能说明一个问题：诚心服务百姓的东西，百姓就会喜欢，就会珍爱。由此，直隶保定总督的方承观，甩着他的一条大辫子，从历史的隧道中走了出来，走进俗人克敬的视线里了。

普天下的鸡，在2004年初夏的日子，仿佛都出了健康问题，在这样的日子，很少有人出门了，可俗人克敬等不及，还是借道去了保定市。一路上，总有横在路口上的关卡，对来往的车辆和人，又是喷药消毒，又是量体试热，克敬千重关，万重卡，去得颇不容易。到达保定后，在下车的那一瞬间，满世界流传的一句话蓦然响起在克敬的耳畔："京油子，卫嘴子，保定府的狗腿子。"谁这么腌臜保定呢？克敬正瞎想时，感到被谁抽了一下似的，脖颈上有一丝隐痛。急忙回头，长途客车上没有一个克敬认识的人，克敬没有惹谁，谁又会抽克敬的耳脖子呢？但脖颈上的隐痛还在，克敬就有些纳闷。忽然想起了方承观，会是他吗？在直隶保定做了20年总督的他，全部的心血都融进了保定的泥土中，他是不会让人腌臜保定的。

俗人克敬便提了小心，在已经初见现代化气象的保定街头走着，亦步亦趋地，总觉得甩着大辫子的方承观就走在克敬的身前，心无旁骛地走进了保定直隶总督署。

现在的总督署，已被辟为博物馆，国务院于1988年1月发了文件，列为国家重点文物保护单位。因此，克敬走进的总督署，还保留着清代雍正七年（1729年）初建时的模样。费时8个月建成的这座省级官衙建筑群，占地总面积约3万平方米。以南北两条更道相隔，将署衙分为东、西、中三路。主建筑在中路，有大门、仪门、大堂、二堂、官邸、上房，并配以左右耳房、厢房等，真个是廓庑相通，意境深邃，气氛庄重，有清一朝，威赫赫主持直隶署衙的总督计有74人（99任次），著名的有李卫、刘墉、那邦彦、曾国藩、李鸿章、袁世凯等人。他们或兴农治水、察吏安民，或参与军机、用命沙场，各自留下一段或可歌可泣，或可悲可叹的历史。

方承观是督抚直隶保定的第二任总督。他不是那许多总督中最著名的人，却是任职时间最长的人。特别是他体察民情，深入田间地头，开创性地总结了棉花种植的流程图后，他的英名也就永远地留在了保定府的民众心里了。

祖籍安徽桐城的方承观，年少时是受过大难的。他的祖父和父亲，因一起文字狱的牵连，双双被贬至冰天雪地的黑龙江。清朝皇帝导演的文字狱，仅康、雍、乾三朝就达108起，哪一起不是万千人头落地。方承观的祖父和父亲能保住颈上的脑袋，流放黑龙江已是不幸中的万幸。苦只苦了老人家的长子长孙方承观，迈着年少稚嫩的步伐，从安徽老家，赴黑龙江探望亲人，一路的颠沛流离，踽踽独行，数千累万里的途程，其困苦艰辛不言而喻。偏偏地，方承观不以艰辛困苦为悲而以困苦艰辛为乐，一步步地走到黑龙江，又一步步地走回安徽桐城，以这种自虐式的行为，磨炼着自己的心志和毅力。

在路上，南国少年的眼睛，捕捉着所有新鲜的事物。他见识到了棉花，从种植到作务再到采花纺织，有心的方承观，仔细地记在了心里，直到他为平郡王福彭所赏识，随军5年后被补为内阁中书，又充军机处章京，再累迁吏部郎中，后加太子太保，授直隶保定总督，始把他埋藏心中的棉花，一笔一笔地描绘了出来。

方承观的书法是很有功夫的，当时就为人所看重，流传到今世的不多，能够收藏一幅，便是极大的荣幸了。俗人克敬的见识有限，未能目睹方承观的纸上书法，自知是一大遗憾。所幸站在棉花碑前，读着勒刻在碑面上的书法，亦然非常地满足了。但他的画，好像不怎么为人所称道，存世的也就那连环画似的棉花图。以此推想，为总督的方承观，当年描绘棉花图时的不易，据说熬了数月的长夜，破费半背篓的纸，这才描绘得有些样子了。方承观心里想的是，要把棉花图进呈给乾隆皇帝，因此在描绘最后一稿时，选用了明黄色丝绵，一笔一笔地描绘了16幅图。方承观在进呈棉花图时，还着意撰写了一份奏折，向乾隆皇帝表达自己的观点，认为种棉“功同菽粟”，只有使农民科学地种植棉花，才能使“衣被周乎天下”，“且籽可榨油，渣可肥田，秸可以作燃料”。乾隆皇帝还算有心，御览了方承观呈进的棉花图，龙心为之大悦，好诌几句诗文的他，兴之所至，又锦上添花地写了16首诗，在棉花图的空白处，御笔题写了上去。如此还不能传达乾隆帝的喜悦心情，又下了一道诏书，把棉花图刻印成册，颁行神州。

别的地方收到诏命颁行的《御题棉花图册》肯定也是非常重视的，但都比不上总督直隶保定的方承观，当下延请手艺好的石工，采来石材，打磨平整，把得乾隆皇帝御题了的棉花图和他自己的题识，一刀一錾地勒刻在一方方碑石上，镶嵌在他坐镇的保定府衙墙壁上。时间过去了239年，俗人克敬在面对棉花碑时，涌动的心潮，亦如初夏的阳光般温暖和熨帖。

有一声浅笑在俗人克敬的耳边响起。

那会是谁的笑声呢？克敬前后左右地睃寻，未见身边有人。是哩，在禽流感肆虐的日子，除非万不得已，谁会跟着克敬赶热闹呢！那么就只有猜想了，克敬猜想听到的那一声笑是方承观大人发出的，只有他才会发出那样惬意的、会心的笑声。他的笑穿过了长长的历史隧道，轻轻地响在克敬的耳边，使敬仰他的克敬从内心深处不由自主地也发出了一声惬意的、会心的笑来。

禽流感挡得住人的脚步，挡不住阳光的朝起朝落。从鸱兽高耸，翘角飞檐的署衙顶上斜照下来的太阳光，轻抚着石刻的棉花图，使得冰凉的碑石，看上去特别地柔和光亮。克敬不错眼地阅读碑刻上的图画和文字，看见起头的一幅命名为“布种”，依次下来，有灌溉、耘畦、摘尖、采棉、拣晒、收贩几幅棉田管理和棉花采收保管图，接下来又是弹花、拘节、纺线、挽经、布浆、上机、织布、练染等手工织造图了。精细周详的刻绘，极尽可能地反映了

棉花图（局部）

棉花种植到生产的全过程。

就说“布种”图吧。几笔简练的刻绘，很容易让人知晓“布种”的程序与关键，正如碑刻上的题跋所示：“种选青、黑核，冬月收而曝之，清明后，淘取坚实者沃以沸汤，俟其冷，种以柴灰种之。”有多年农村生活体验的俗人克敬，可以自豪地说，本人就是一把种棉的好手，其“布种”的方法，一点也不走样地继承了方承观在棉花碑上的经验总结。

流芳百世的棉花图，让克敬看得着迷了，对植

棉花图（局部）

物与土壤的关系，播种与季节的关系，植株与株距的关系以及合理灌溉，适时整枝等所作的图文并茂的描述，堪称一本古老的棉花耕作全书。然而，这一切还都只是外在的表面反映，内在的蕴含，是一种叫我们后人永世敬仰的崇高境界。

方承观不是一个农业专家，纯粹是直隶保定的一名封建王朝总督。在这一点上，我们今天像他一样高居官位的人应该要好一些。因为在我们的意识和印象中，封建王朝的官吏都是当官做老爷的，我们现在的官员则是人民的公仆。可就是这位封建王朝的直隶总督，胸中有百姓，心里想百姓，在他不很熟悉的领域，用他不甚擅长的手法，细致深入地总结群众的经验，精心精意地手绘图谱，刻石推广，如此厚德，不正是我们的人民公仆应该学习和发扬的吗？

俗人克敬决不怀疑人民公仆爱人民的情怀，决不怀疑人民公仆为官一任、富民一方的决心，但以方承观而观之，我们的人民公仆不一定要干出多么惊天动地的事情，像方承观一样脚踏实地做好一件事情，哪怕这件事如我们司空见惯的棉花种植和生产一样普通。

2005年3月21日　西安太阳庙

守正碑：关键在于心正

俗人克敬早些年去河南省南阳市的内乡县旅游，去了距离县城有些路程的马山口镇。对古碑颇多感情的克敬，听了导游无意说的一句话，便不能自禁，驱车而去，果然不虚此行，如那位并不认识的导游所说，在镇派出所院墙及门前广场上，有一片小小的碑林，除一块为1949年解放宛（南阳简称）西牺牲的中国人民解放军烈士纪念碑外，其余都为明、清时的古碑，原来散在马山口镇的各处地方，镇政府的领导担心日久损毁散佚，遂组织人力，搜集抢救，集中陈列在一起。俗人克敬看见的守正碑，就夹杂在这些碑刻中，不是太显眼，却也让人读后怎么也忘不了。

《内乡县志》对马山口镇有这样一段描述："天地一大隆毓，人事一大聚会，询古之巨津要道也，相共势而为市。"不仅具有重要的战略地位（指唐王李世民在此屯兵，汉刘秀在此得良骥），而且是旧时我国四大药材集散地之一。其集市初兴于隋，而建镇于唐，明《嘉靖邓州志》有记："唐高祖武德二年（619年）置默水县，提封马山口为镇。"宋、元朝时，集镇逐步扩大，商贾云集，为伏牛山中草药、生漆、桐油等重要集散地。明、清更盛，街巷扩展，商行达80余家，时有陕、晋、冀、青、川、皖、浙、鄂、京、津、沪等地客商频繁往来，并在此开设药材商行。

县志上的记述是不错的。现在的马山口镇很好地承传了原有的繁荣，满街都是药材铺，只是旧的门面用新的形式装修了一番而已。而这一切，只有在俗人克敬阅读了守正碑时，才突然变得大有意义起来。

阅读那一块块风雨剥蚀得颇具沧桑感的碑石，首先点燃克敬眼睛的就是守正碑。虽然克敬也未回头张望，却已感知一旁守着的那位白髯老翁，一眼一眼地盯着克敬看了。而克敬走进小碑林时，业已为老翁的气象所吸引，仿佛一具出土的活体文物，盘踞在碑林的一侧，顾自敲着他的火镰，咔嚓，咔嚓，敲得极有耐心，飞溅的火花，终于燃着了按在一块黑色火石上的绒棉，噘着嘴吹了几吹，待火引得大了，复又按在装了一杆深山古藤制作的旱烟锅上，一口紧着一口地抽着，抽出一团又一团的烟，弥漫着，几乎要把老翁埋在呛人的烟雾中。

老翁的脚前堆着一叠打印的资料，克敬走过时，瞥了一眼，知道那是自己需要的，掏钱买了一份。而当克敬来到守正碑前，对着资料看时，老翁自觉走了过来，送给克敬又一份资料，转身又去了他蹲着的地方，咔嚓，咔嚓地又敲起了他的火镰……原来克敬掏钱买的资料是另一块碑，而老翁送来的资料就正是守正碑上的刻字了。更为难得的是，老翁的资料把原来的繁体刻字变成如今的简化汉字，且已断句分行，省了克敬许多阅读的麻烦。碑文如下：

圣嵘之阳，默溪之左，有马山口镇，山环水抱，天地一大隆毓，人事一大聚会，询古今之巨津要道也。相势而为市，询厥权与遐渺，难稽恩，其景运隆盛。第一良以圣天子忠厚开基，施仁政、广教化、务均平，所以无伪耳。故其时迁无迁，有补财用之不足，居货行货，致奇赢之有方，尔无我诈，我无尔虞，其休风原宜长留宇宙者也。乃物情屡更，愈趋愈其逐末者多，日倚市门，以强凌弱；务本者少，时稽市利，以假混真，种种流弊可胜道哉！我等目击心伤，不忍坐视，因议罚规，开列左右，以挽世俗之颓风，既以培国家之元气。

立于清光绪二十八年（1902年）仲秋的这块守正碑，是由马山口镇的药材行社友共同拟定的。其上只是碑文的序言，为守正不阿计，大家还拟定了四条操作性极强的规定：其一，不许自卑身份，有门面者只许出掉一张，管好自己身边的人，以免绕（扰）乱行规；其二，本行有客不准外行刁会，或与客过货，短斤少两；其三，包货水湿霉烂照退，以假为真全充公，以湿变干半充公；其四，合镇买卖药材抽厘助神。凡有违规定的，药行自然按公议处罚。

不好说刻在碑上的文字，当初在马山口药行的执行情况如何？想问人，目光刚一触及卖资料的老者，他便向克敬说道开了。老者其时已经过足了旱烟瘾，把他出土文物般的火镰火石和烟锅收拾起来插在脖领上，看着像是招摇在风中的一面旗幡。老者说：一个地方没有信誉，这个地方就瞎塌了；一个行业没有信誉，这个行业就瞎塌了。说着话，老者不无骄傲地向马山口的镇街上瞭望着，克敬顺着老者的目光看去，明白老者的骄傲是有道理的。默溪的水从圣崃山一路奔来，在马山口转了一个大弯，像是一个清凌凌的圣女，环抱着古风尚存的马山口镇，一家挨着一家，还有不少的药材铺，能叫上名字的药材有黄芪和黄芹，有远志和柴胡，有桂附和党参……还有一些叫不出名字的药材，或扎成捆，或装成袋，整齐地码在药材铺的门前或架子上，有南来的行商和北下的客旅，穿着各异，脸上堆着职业化的微笑，与同样职业化微笑着的药材铺老板讨论着价钱，直到讨论者双方，手牵了手，进入街边的一家小酒馆，不用猜，他们的一笔生意谈下来了。

守着碑刻资料生意的老者，又狠命地抽了两口旱烟，也不抬头，举着他长长的烟锅，凑近眼睛看了看，叭叭地磕在鞋底上，磕出了锈成一团的旱烟灰，这才说起话来。老者问：“你不是做药材生意的吧？”

第六感觉告诉克敬，老者是在问自己的，于是回答：“来转转，就是现在说的旅游。”

老者为他的眼力高兴了，说：“还不错吧？”

克敬不知道老者的问话指的什么，也便随口回答：“是不错呢。”

老者就又说下去了。说他们马山口镇开埠2000年了，靠的就是药材生意，一辈子又一辈子，谁敢砸了自己的锅？不想吃饭了？守正不阿，才有马山口镇的生生不息，才有马山口镇的长久兴旺……听着老者的说话，俗人克敬为自己刚才的疑惑脸红了。恰在这时，来了两个汉子，手里拿了几样药材样本，求老者给予验证。老者也不推辞，接过样本，在他黑糙的手里约了约，又挨着鼻子闻了闻，还捡起小片的样本投进嘴里，有滋有味地尝着。一边尝一边点头，来人就

内乡县衙正门

谢了一声，心底踏实地转身去了。

俗人克敬在一旁看着，知道老翁是药材行的一把好手，对他油然崇敬起来，却又闹不明白，凭他在生意人前的信誉，自己怎么不开一家药材铺呢？开起来肯定赚钱。克敬心里怎么想，就怎么和老者续谈了起来，这便知道他们家上数十几辈，都在马山口镇有药材生意，他也开了铺子，老了交给了儿子，儿子不争气，掺杂使假，被他砸了铺子，与儿子分了家，也不想再做药材生意，就在这里守着，卖几份古碑的资料，有人来验证药材品质，他就帮着弄一弄，时日久了，也就成了大家的一个习惯。老翁和俗人克敬扯着闲，又有一拨人走来验证药材，克敬不好再打扰，便告辞走了。

走在回程的路上，俗人克敬还想着那位皓首白髯的老翁，觉得他坚守道德的品性中，好像还有那么一丝古怪。像他还使用的火镰火石，以及自制的古藤长杆烟锅。说心里话，克敬并不反感老翁的火镰火石和古藤烟锅，相反觉出一种可爱和珍贵，在一切事物都日新月异变化着的今日，马山口镇的老翁能保持他的习惯，而且保持得如此纯粹，叫克敬对他的崇敬又增添了几分。

2005年3月26日　西安后村

公道碑：做人的基本模样

俗人克敬来到圣嵘山下的马山口镇，看到了那块与守正碑并立的公道碑。此碑两面刻字，碑阳的文字，用今天的话说，为一篇旧时的诚信宣言：

经商非吉也，后圣王虑逐末者纷纷，于是有崇本抑末之议，然犹厘而不征或法而不厘。夫于商且宽仁如是，矧为艰苦于商者乎？

马山口镇土瘠民贫，计养生者甚有竭立于柴炭之役。涉山越岭，冒雪履霜，肩之摩几欲见骨，□□□将为露筋，辛苦万状谨可糊口。故忠厚悱恻之人对肩挑贸易多有不□便宜之恩。知计设利诱，稍有人心者，断不忍为。前者罗姓欲办炭行，仁天公□批沮抑之，既已勒诸贞珉以垂永远，负炭人等又兴起剧戏，示终岁勤□岁晚为乐之意。兵燹后戏久不演，兹恐往事就湮，后之视今，不如今之视昔，而巧于货殖或籍口征商以本利也，固复演戏立石，以志不忘。

阅读碑阳的文字，不难揣摸立碑者的用心，是要号召人们的良知，懂得生活的艰困，相互宽仁体恤，诚信相待。其中，对负炭人于深山而来马山口镇的经营深为同情，同时，又对负炭人娱乐镇民生活的责任尤加褒奖。为了这一盛事的顺利进行，绵延不息，大家还公议了四项条规，楷书刻在碑阴之上，有奖有罚，各宜禀遵毋讳。

圣嵘山吹来的风有点凛冽，送来默河的水声，似也添了些许的清冷。俗人克敬目光还贴在公道碑上，而思绪早已从百年前的石刻文字中，又返回今日的种种诚信宣言里了。

克敬听到一个声音在问：诚信需要承诺吗？

一个声音在回答：需要。

一个声音又在问了：为什么呢？

一个声音又回答：缺失。

克敬凝目着黛色一片的圣嵘山，以及喧闹着奔流不息的默河水，意识有了一时的恍惚，怀疑那样的一问一答，就是圣嵘山和默河发出的，身心蓦然一震，感到一种醍醐灌顶般的明亮。

2005年3月28日　西安后村

改作碑：司法面孔的暖色

光绪朝的内乡县令潘江大老爷算不上一方名宦。他主政内乡县时，还做了哪些好事善事，亦无多少记载，倒是立在马山口镇小碑林中的一块石碑，记下了他办的一起普通的财产纠纷案，让所有读着碑上文字的人，莫不心生感慨，深为潘江大老爷而敬服了。

敬服的是潘江大老爷有这样的胸襟，勇于把自己错判的案子改正过来。

光绪十二年（1886年），云游到马山口镇的一位王姓先生，在药材铺老板张寅亮的屋檐下“垂帘卖卜”。先生皓首庞眉，状貌古雅，终日默默寡语，街坊邻居便送了他一个“不语先生”的雅号。但他与张寅亮像是前世的缘分，却也十分契洽，相谈甚是投机，久而久之，从张寅亮药铺的檐下搬进铺里。其间谈起里居姓氏，只说自己家在光州，及至说起家世，“不语先生”就真是眼含泪光而不语了。平常日子，又不断叹息世道人心不古，风气江河日下，满心都是割舍不了的隐忧。然先生胸中自有块垒和文章，所言风水之说与河图洛书，无不表里相合，加之又精歧黄汤术，“施方救人，活者无算”，空闲时，还手著一本《五乐三合》的书，授梓劝世。张寅亮对先生就更高看了，“中心悦服，先友而后师之”。

没奈何，“不语先生”年益老，气益衰，日困于病不能出游，居于张寅亮的家中，享受着张家人的左右奉养，从无倦怠厌色。一片诚心，使先生大为感动，弥留之际，解其囊中百余金交付张寅亮，嘱他："予身无所归，殁后尔其以此金治衣衾棺椁，余资留为岁时祭祀之需。"先生既没，张寅亮谨遵遗命，祭葬周到尽礼，择吉日殡先生于其祖上坟地，又以所余资金买了数亩田产，以便后世祭扫所用。

恰在这时，有一个叫王子义的人，写了一纸诉状，谎称为"不语先生"的侄子，捏造讼词，告张寅亮侵占"叔父"的钱财。一堂官司打下来，张寅亮败诉了。如果王子义真是"不语先生"的侄子，张寅亮甘愿败了官司的。可在进一步走访中，始知王子义家在夏馆之地，与"不语先生"所说光州有天壤之别，而夏馆的乡民证实，王子义没有"不语先生"那样的叔父。于是，张寅亮也写了一纸诉状，反告王子义见财起意，包藏祸心。潘江大老爷再次升堂，把案由问了个清楚，还了张寅亮一个清白，并泽及"不语先生"枯骨，断令张寅亮合法拥有所购田产，其子孙可适宜耕种收籽，以奉先生祭祀，其外人不得觊觎竞争。

潘县令为此还判饬购石立碑，以为铁证。

这块碑原来由地方保绅商人一起，帮助事主张寅亮竖立在马山口的关帝庙里。直到10多年前，才由镇政府公议，迁来派出所门前的小碑林。

草菅人命，古人凝练出的这一成语，我们是要牢记不忘的！

2005年3月29日　西安太阳庙

泥爱碑：奈何身后掩飞泪

江西多名山，庐山、象山、三清山、井冈山……于是，原本清灵毓秀的杏岭，夹在其中，便很难显出自己的特色了；

江西多名水，鄱阳湖、仙女湖、九曲河、匡庐泉瀑……原来幽渺绚丽的澄江水，混在其中，亦难突出自己的模样了；

江西多名人，陶渊明，欧阳修、王安石、文天祥……原也声名显赫的杨士奇，列在其中，自然要略输风骚了。

俗人克敬本来是去井冈山的，路过杏岭，歇在澄江畔喝茶时，听了茶老板一句不经意的谈话，当下改了主意，欲到杏岭脚下、澄江之滨的杨士奇墓去拜谒了。读了些历史的克敬，对这位寒士而拜相的杨士奇还是颇为崇敬的，知晓他在最为荒诞暴虐的大明朝堂上，历经成祖、仁宗、宣宗、英宗四朝而能不受丝毫损伤，除他之外，还有第二个人吗？恐怕难找，如他的江西同乡解缙，以及后来的严嵩，不可谓不聪明绝顶，才高八斗，不可谓不深谋远虑，机关算尽，到头来不都是落个悲惨凄凉的下场吗！而他杨士奇，比起上述两位同乡，无论才具谋略，肯定地要逊色一些，却能四朝为官拜相，生前既得到仁宗敕赐“与国咸休”的牌匾，死后又得到英宗御题文碑的彰祭，那该是多不容易、多么巨大的荣耀啊！

然而茶老板的话却是：像杨阁老一样溺爱孩子，还能有个好？遭砍头去吧！

茶亭里客聚客散，俗人克敬不是茶老板谈话的对象，他提着沸水，向放在克敬面前的茶碗里注着水，一只眼却飞到一边，关注着另外几个茶客的动静，他的谈话也是与那几个人相呼应的，好像他们都是熟客，议论的事大家都知道，茶老板的话引起了他们的共鸣，一时之间，便都是唏嘘感叹了。

俗人克敬这时多了一句嘴：杨阁老是谁?

茶老板和他一起谈话的人，把头都扭向了克敬，听出克敬是外省人，就都是一副谅解的模样。茶老板就说了：杨阁老么，就是我们泰和人，明朝时的四朝元老呢。话语中竟然满是按捺不住的自豪。

有了茶老板的这一番介绍，克敬当下晓明所说杨阁老即为杨士奇了，于是就很理解茶老板的自豪了。尽管杨士奇的才不如同乡解缙，谋不如同乡严嵩，可他也没有解缙的那一份骄，严嵩的那一份奸，这便是他可以为人称道的地方了。

读史知晓，杨士奇“玉质金相，通达国体，随事纳约，不诡于正，而意尝近厚，转导监国，保身济主，有大雅之明哲焉”。同时还说他“论事存大体，请免赋薪、减官田、理冤滞、汰工役、抚逃民、察墨吏、民皆大悦，善识人，所荐皆名士”。纵观杨士奇

杨士奇用砚

的一生，这样的评价是不错的。

建文二年（1400年），在他36岁时受惠帝之召，始入翰林，旋即为翰林修书副总裁，尔后不断晋升，从侍读、侍讲、礼部侍郎、华盖殿大学士、少保、少傅到兵部尚书、光禄大夫、柱国、少师，辅佐君王40多年，清廉律己，豁达大度，不记私怨。同僚中有小过者，常常为之掩盖。与他同朝为官的杨荣收受了边将赠送的好马，宣宗知晓后大为不满。而杨士奇却极力为其开脱，言说杨荣通晓边防事务，了解敌我双方形势，为我等所不及。他功大于过，不应以小过而毁功臣。宣帝被杨士奇的话感动了，告诉他，在他初即位时，杨荣大说你的坏话，而在他有过时，你却为他大说好话。杨士奇给宣宗又行了一番大礼，亦然诚恳地祈求皇帝，说：“希望陛下像宽容我一样对待杨荣。”

出身贫寒的杨士奇，深知民间疾苦，在朝为官以来，常以国家安危和人民生活为念，仁宗即位后一天与杨士奇交换意见，杨不畏龙颜，大胆直言：您下诏书减少各地岁供才两日，而惜薪司却传旨征枣80万斤，与诏书相抵触。仁宗听了，默然良久，终于减去征枣数量一半。其时，有人向仁宗上书大唱太平盛世的赞歌，仁宗让群臣传阅。杨士奇独不以为然，对仁宗说：陛下的恩泽虽然普及天下，但因多年用兵，使百姓颠沛流离，疮痍尚未平复，需休养生息几年，方能过上太平日子。仁宗听从了杨士奇的意见，并要求朝臣都能如杨士奇一样说真话，说实话。到了宣宗朝，许多地方屡遭水旱灾害，杨士奇多次奏请皇帝下诏恤民。有一年，户部无视宣宗诏书，未能减免官田租额，杨士奇知道后，报请宣宗再次下诏，督促减免，拒不执行者，尽数治罪。

爱才重才，知人善任，是杨士奇一贯的作风。他向来认为，各级官吏的好坏，直接关系到百姓的安危，应该不拘一格，提拔博学多才、品行端正的人出仕，要搞任人唯贤，不搞任人唯亲，不重资历、学历，不管出身贫贱，即使是死刑犯的人家，有贤能的子弟，也应破格任用。先先后后，经杨士奇荐举提拔的官员有50余人，且都多有政绩，官声政声廉冠天下，著名者就有周忱、况钟、于谦等。

周忱在宣德五年（1430年）受杨士奇推荐任江南巡抚。到任后，大胆改革，节省浮费，减轻人民不合理负担，并订立备粮济荒条约，受到人民拥护。他精打细算，财政收支了如指掌，使不法之徒无机可乘。周忱在任的时候，江南一带没有发生过饥荒，上交的税粮没有拖欠过。况钟出任苏州知府，也是杨士奇推荐的。那时，苏州赋役繁重，贪官污吏营私舞弊，百姓苦不堪言，是最难治的地方。况钟上任后，兴利除弊，不遗余力，除豪强，植良善，废苛政，减重赋，人民奉之如神。死后，官吏、百姓一起号天痛哭，并且立祠纪念。于谦原是个小官，资历浅，由于杨士奇的推荐，破格提拔为兵部右侍郎，巡抚河南、山西等地，革故鼎新，组织民众筑堤治水，种树凿井；剥夺边镇军官私占的土地为官府屯田，以资边防备用。因政绩卓著曾受到朝廷器重，晋升为兵部尚书。正统十四年（1449年），因为英宗忽视杨士奇生前关于瓦剌问题的忠告，放松边防，守军不堪一击，使瓦剌军乘虚而入，酿成了土木堡之战的严重危机，英宗被俘，敌军兵临北京城下，在这千钧一发之际，于谦力排众议，挺身而出，领导和指挥北京保卫战，一举击败了瓦剌军，使形势转危为安。另有一个顾佐，能文能武，宣德三年（1428年）为杨士奇力荐，任职都御史。其人刚正不阿，不避权贵，惩贪肃奸，使朝纲为之一振，时人誉之为现世包公。

从茶亭出来，俗人克敬一路向杨士奇的墓园走去，心里想着他的一生，不觉也为他的为人和业绩而自豪了。然而茶老板的那一声叹息，仍言犹在耳，叫人对杨士奇不能不生出异样的惋惜。

杨士奇死了。

像普天下的老人一样，都晓得神仙的好，但就是忘不了自己的儿孙。杨士奇的悲剧就在这里，尽管为官时兢兢业业，孜孜不懈，是一位明白事理、通晓大体的宰辅，却在养育儿子的事情上，表现得极其糊涂，极其愚顽，到终了，导致他的儿子杨稷横行乡里，侵害平民，致人死命。明代名士李贤著有《古穰杂录摘抄》一书，其中一则笔记，说的就是杨士奇溺爱儿子的事。一段话是这样记述的："士奇晚年泥爱其子，莫知其恶最为败德。若藩皋郡邑、或出巡者，见其暴横，以实来告，士奇反疑之，必以子书曰，某人说汝如上经，果然，即改之。子稷得书，反毁其人曰，某人在此如此行事，男以乡里故，挠其所行，以此诬之。士奇自后不信言子之恶者。有阿附誉子之善者，即以为实然而喜之。由是，子之恶不复闻矣。"不闻，不是杨稷不作恶，只是杨士奇把自己的耳朵塞了，听不到罢了。如此溺爱儿子，就有苦果等着他来吃了。

杨稷受荫封土仕宦，依然不改恶行，无辜杀人，被捕入狱，以往蛮横暴虐的几十起罪恶也被揭露了出来。以往总是袒护杨士奇的皇帝也不好说话了，一边下旨安慰告老还乡的杨士奇，一边要求他：你的儿子违背家教，触犯国法，朕不敢偏袒，你根据规定自己处理吧。事已至此，杨士奇又能怎么办呢？他一面上表，对皇帝的恩惠表示衷心的感谢，一面按照明朝律法，含泪刀斩了儿子！

无情未必真豪杰，怜子如何不丈夫。
知否兴风狂笑者，回眸时看小于菟。

鲁迅先生旧体诗《答客诮》中的话，道尽了为父爱子的天然情感，这是不错的。但不该超过一切，压倒一切，以致颠倒黑白，枉顾是非，就只有祸害社会，害人害己。杨士奇把他"泥爱"出的这一壶苦酒喝得涕泪交流，心裂肝碎，病卧床榻，不久便遗恨殒命。

按说杨士奇是懂得育子的道理的。他在朝廷任职少傅、少师，教育了明朝的几任皇帝，却不能教育好自己的儿子，想想能不叫人痛心。再说他自己打小丧父，曾随母亲改嫁他姓，继父谪戎陕西，不久又死，这才与母亲回籍泰和，受外祖父启蒙，悉心培养，而他自己也极发奋，学习时专心致志，旁若无人，同学们逗他，而他毫无所动。他读的书，不是借来，就是母亲拿鸡蛋换来，有许多书，干脆由他手抄而来。15岁时，即受乡里之聘，开馆授徒，教授的学生上千累万，应该算一个善于育人的人了，却不知为何，在教育儿子的问题上吃了大苦头，克敬一时还真是疑惑重重，咋想也想不通。

头顶着初夏温煦的阳光，俗人克敬轻轻地走进了杨士奇的墓地。映入眼帘的一切，显然都是近年整修过的，占地不是很大，却也有短墙环护，气象亦然非同凡响，一层一层的台阶，极有章法地开辟出三层平台景观。最下方的平台上，立着两支华表，顶端各有一只镂雕的小狮，仪态万方地蹲踞其上。华表左侧有一碑亭，四面开卷顶窗，护卫着一通汉白玉的石碑，碑额上“御祭”两个篆体大字，明白无误地告诉人们，此为明英宗的御笔文碑了。再往上走，是第二层平台，巍然耸立着一座石牌坊，三门四柱，雄伟壮观；穿过牌坊，就是一组雕刻精细，栩栩如生的石俑、石马、石羊、石狮……肃立两旁，威风凛凛。再往上攀，就是杨士奇的墓冢了，高大的封土前，亦有石碑一通，赫然阴刻着“呜呼，杨文贞之墓”的楷书大字。恰在其时，俗人克敬的神思有些恍惚，眼盯着碑上的大字看着，悠然叠显出“泥爱”两个字来，把克敬吓了一跳。

天气晴和的日子，应该是游客出动的大好时机，而杨士奇的墓园却极为清寂。俗人克敬闭着眼睛，让自己复原了常态，不再去读杨士奇的“望碑”，回过头来远眺，收葬着杨士奇魂灵的杏岭，一下子尽收眼底，远处透过层层飘香的山花，层层吐翠的青松，看得见一处方塘，水面上闪动着粼粼波光。塘水边还有一丘小坟，来路上听人说，那是杨士奇三子杨稷的埋身地。不知是真是假，克敬站在他老爸的封土前，想问一下人，周边除了几个同伴，竟再无一人可问。俗人克敬能怎么办呢？哪怕是假，也就以假当真了，想象那丘小坟前也是立着一块石碑的，上面的刻字，一定少不了他受“泥爱”而丧命的无奈和叹息。

是啊，这个教训太有记取的必要了。

却绝少有人到这里来。俗人克敬敢于做出这样的判断，全在于克敬脚下的甬道地砖和砌石缝隙里，都有草的生长，蓬蓬勃勃，很少为人践踏的样子。为什么不来呢？俗人克敬疑惑的目光再次扫了一遍杨士奇的墓园，然后步下层层台阶，坐上汽车背向墓园疾驰而去。但是，出现在克敬心头的这个问题，并没有因为人走而去，相反，在心头凝结得愈加强烈了。

君子爱财，取之有道。不能说为人公仆，就应该是一只石狮子，完全不要亲情，完全不要子女，这样的公仆，自己的亲人不喜欢，老百姓也不欢迎。那该怎么办呢？明代四朝元老杨士奇溺爱子女的教训要记取，历史上其他一些清廉才智之士的经验也是需要学习的。东汉时的杨震，官至汤州太守，子孙常粗食步行，有人劝他分些财产给子孙，杨震说：为使他们具备清廉之德，这就是厚重的“家财”了。唐代屯田郎中崔玄驭的儿子在外做官，来人告诉他。你的儿子在外“贫乏不能存”。他听后很高兴，说：这真是个好消息，如果他资货充足，衣马轻肥，这倒是令人要担心的坏消息呢。前不久，又读到一篇《三块弹片做遗产》的小文章，说的是某军区司令员陈洛平，临终前告诉他的子女，不要指望我有什么财产留给你们，只有日本鬼子和国民党反动派留在我身上的三块弹片，以后分给你们一人一块，留作一个纪念吧。行文到此，俗人克敬似已无话可说，忽然想起故乡一位老农的话，他说：

儿子比我强，存钱做什么？
儿子不如我，存钱做什么？

老农的话说得太明白了，比他强的儿子，还会饿了肚子不成？不如他的儿子，也会坐吃山空，存钱的意义又在哪里呢？故乡老农还有一句话：存下千垛干柴，不如留下一把斧头。为人父母者，留给子女的，应该是一种自己奋斗的精神，而不是身外的财富。

是夜11时40分，就要收笔了。电灯光好好地照着，俗人克敬却感到眼前一黑，思绪蓦然飞过千山万水，又到了江西省泰和县的杨士奇墓园。克敬不揣冒昧，建议把杨士奇墓园建设成如遍布全国各地的爱国主义教育基地一样，号召大家到那里去感受一下，一个父亲溺爱儿子的悲情和伤痛。

2005年3月31日　西安太阳庙

编后记

《文物的故事》系列丛书是紫禁城出版社策划的一套大众收藏类图书。其所叙述的文物主题大众常见，其语言文字大众易懂。

我们寻求到的作者能够深入浅出地叙述内容，能够引人入胜地编排结构，能够纵横捭阖地激扬文字，能够发人深省地开示读者，并且是具有较高社会知名度的收藏家。

首次推出丛书中的四种。其中，《悠悠青瓷》作者秦伟女士文笔清丽又充满激情，其对自己藏品的感悟使读者很容易受到感染。《话说陶俑》作者刘亚群先生作为一名资深的新闻工作者，也是陶俑收藏界赫赫有名的人士。《青铜散》和《碑刻的故事》作者吴克敬先生以极富功底的文字和翔实周密的文物信息给读者以宽广的感悟空间。他们表达了自己的观点，撰写出了让我们爱不释手的好文章。

深入文字内容，读者会为其所牵引，随喜随悲，随怒随爱，流连于作者复述和创制的古今意境；从而手不释卷，想一气呵成读通整个故事、整本图书。

我们希望藉此丛书给广大的文物收藏爱好者和相关人士以丰富的信息，对读者的审美情趣有所补益。从这个意义上讲，我们也希望它平易近人的语言、富藏的深意和颇具历史责任感的整体面貌，甚至使大学生、中学生也能够喜闻乐见，最大程度地得到读者的认可。

2009年1月